a arte do presente

Cobogó

a arte do presente

ARIANE MNOUCHKINE

ENTREVISTAS COM FABIENNE PASCAUD

sumário

apresentação

Não pretendo aqui fazer uma apresentação imparcial – se é que isso existe – da Ariane Mnouchkine. Sou um espectador apaixonado, e é desse ponto de vista que pretendo apresentá-la. É desse ponto de vista que eu traduzi o livro. Eu sei que existem os detratores, existem os atores que deixaram a companhia, existem os humilhados e os ofendidos. Não estou nem aí para eles, assim como um beato não está nem aí para um ateu. Esta é a apresentação de um beato.

Durante o estágio que eu fiz no Soleil, o pior crime que se podia cometer (pior do que chegar atrasado) era o cinismo. Talvez porque o mundo seja cínico, talvez porque os tempos sejam cínicos, o teatro de hoje em dia é cínico demais, dizia ela. Estamos todos por cima da carne-seca, diria ela, se conhecesse a expressão. É preciso retomar a credulidade. O dom da credulidade. Esse é o dom do ator. E do espectador. Sem credulidade não há teatro. É preciso, antes de mais nada, acreditar.

E em que Ariane acredita? Em muitas coisas. No coletivo, por exemplo. O que mais ouvimos ao longo do estágio foi: "Fiquem juntos. A solidão é a morte." E nós ficamos. Nunca vi um grupo tão grande tão unido. Juntar mais de dois atores num mesmo ambiente é algo complicado: em geral começa uma briga desesperada e barulhenta pelos refletores. Éramos 440 atores. E quando alguém subia no palco, era um silêncio sepulcral. Torcíamos apaixonadamente para que desse certo. Até porque, quando não dava, ela era inclemente.

Talvez tenha sido essa inclemência que gerou sua fama controversa. Muitos se referem a ela como uma tirana sádica e escravocrata. Mas os que dizem isso em geral não a conhecem. Quem a viu trabalhar, sabe: sua inclemência só se dá por amor demais. Assim como a sua possessividade com os atores da companhia só existe porque ela é apaixonada por cada um deles. É emocionante ver como ela assiste, embevecida, à improvisação dos seus atores. Se ela grita com eles, é para salvá-los do abismo.

O tema do estágio era a ditadura. Lembro de uma atriz espanhola que subiu ao palco dizendo que era uma ditadora. Ela dava ordens aos serviçais enquanto repetia: "Eu sou uma ditadora." Ariane, exasperada, interveio. "Você é uma ditadora?", perguntou ela ao personagem (quando um ator está no palco, Ariane fala só com o personagem, nunca com o ator). "Sim, eu sou uma ditadora." "Você não está parecendo uma ditadora. Tem certeza de que é uma ditadora?" perguntou Ariane. "Tenho", responde ela. "Que pena" diz Ariane. "Então eu vou pedir para você sair. Quero ver os outros atores, porque você não está me convencendo." A atriz ameaça chorar. "Você vai chorar? Uma ditadora de verdade não fica repetindo que é uma ditadora, e nem chora quando alguém diz que ela não é uma ditadora." A atriz engole o choro e repete, firmemente: "Eu sou uma ditadora." Ariane diz: "Então pode sair." A atriz se dirige para a coxia, derrotada. "Que pena", diz Ariane. "Se você estivesse mentindo, seria mais interessante. Se você assumisse que é só alguém tentando se passar por uma ditadora..." A atriz para onde ela está. Respira fundo e se vira para a Ariane. "Tá bom, eu não sou uma ditadora." Silêncio. "Então quem é você?" pergunta Ariane. "Eu sou a filha do primo da moça que faz faxina na casa da ditadora." A plateia caiu na gargalhada. Ariane pediu que ela continuasse. E ela começou a contar sua triste vida. Ela era apaixonada pela ditadora, e fingia ser ela, mas ninguém acreditava. Seu sonho era ser tirânica, mas ninguém a levava a sério. Ariane pediu que os outros atores se retirassem do palco. Ouvimos a atriz, sozinha, por um bom tempo. O começo desastroso se transformou numa obra-prima cômica e poética. Nós vimos, ali, o poder extraordinário da Ariane, quase mediúnico, de parir personagens. Daí, talvez, sua fama de bruxa.

Muitos estranham, aliás, essa sua relação com o sagrado. Em tempos cínicos, Ariane acredita veementemente na sacralização do espaço cênico. Experimente subir no palco displicentemente e você irá direto para a guilhotina. Para subir no palco, você tem que estar, necessariamente, imbuído de uma urgência muito poderosa. Durante o estágio, inúmeros atores foram expulsos de cena assim que pisaram no palco. O motivo? Eles não estavam prontos. Talvez eles não desejassem o suficiente estar ali.

E o palco do Soleil é o espaço mais desejado do mundo. Todos os atores sonhavam em estar lá. E todos tinham tremendo pavor do que poderia acontecer quando estivessem lá. Esse misto de desejo com pavor faz com que o simples fato de pisar ali altere o seu estado de consciência. E o mítico aconteça.

No último dia de estágio, ela juntou, pela primeira vez, os atores por nacionalidade. Cada grupo tinha que preparar uma cena curta, usando uma frase do estágio que os tivesse marcado especialmente. Um ator do Cambodja, o único do seu país, morreu em cena: "a solidão é a morte." Nós, brasileiros, nos vestimos de sobretudo preto e caminhamos, seríssimos, até o proscênio. Tínhamos aprendido a "fugir dos estereótipos". A França se dividiu em duas: franceses do norte e franceses do sul. Os atores do país basco organizaram um terceiro grupo, dissidente. Alguns franceses protestaram, dizendo que eles não eram um país. Enquanto isso, na mão contrária, atores de diversos países (Israel, Líbano, Sírio, Irã e Iraque) se uniram num grupo só. Vieram, de mãos dadas, calmamente, ao proscênio e disseram, baixinho: "Estamos juntos." Todos se debulharam em lágrimas. Ariane inclusive.

E talvez essa seja a função ancestral do teatro: juntar pessoas. E revelar o que elas têm de melhor. Por isso, não me venham falar de sadismo, ou de tirania. Nunca vi uma forma de trabalhar tão amorosa. Mais do que isso: apaixonada.

Gregorio DUVIVIER

PRIMEIRO ENCONTRO

o teatro, uma arte feiticeira

CARTOUCHERIE
quarta-feira, 21 de agosto de 2002, 19h

Depois de várias semanas de indecisão, Ariane Mnouchkine, com quem eu havia falado no mês de maio, finalmente aceitou, no começo de agosto, a ideia de publicar um livro de entrevistas. Ela avisou algumas vezes por telefone, no entanto, que o livro não seria publicado se ela não se reconhecesse nele. Lembrou também que já havia negado, alguns anos atrás, a publicação de uma biografia assinada por um autor por quem ela sentia o maior respeito e carinho. Nós assumimos juntas esse risco. Eu sabia, desde o começo, que nada estava ganho. Ariane Mnouchkine voltou de suas férias há alguns dias. Os ensaios de seu próximo espetáculo, que ainda não tem nome, começaram assim que ela chegou.

FABIENNE PASCAUD: Por que tantas ressalvas com relação a um livro de entrevistas?

ARIANE MNOUCHKINE: É como se eu estivesse estabelecendo algo de definitivo, enquanto não me considero nem um pouco um ser definitivo. Acho, aliás, que a gente não deve nunca se considerar definitivo, sobretudo quando se faz teatro, que é a arte da impermanência absoluta. Além disso, tenho medo de dizer coisas que já foram ditas e reditas mil vezes de uma maneira muito melhor que a minha. Quando a palavra está escrita sobre o papel e perde a entonação inquieta e cheia de dúvidas que ela tinha quando foi dita, ela logo fica muito afirmativa, pretensiosa ou arrogante. Meu percurso só é interessante porque, depois de quarenta anos em companhia de outros loucos e loucas por teatro, consegui viver o meu sonho. Mas o que eu tenho a dizer não é novidade para ninguém.

FP: Por quê?

AM: Porque todos aqueles que já viveram esse tipo de experiência, dois ou três séculos antes de mim, a descreveram melhor do que eu. A única coisa que talvez me diferencie é a minha interrogação permanente. Nos filmes sobre o Soleil, os momentos que mais me interessam são aqueles em que somos vistos *procurando*, por muito tempo, sem encontrar. Isso é que eu acho bonito e comovente. Quando nós, os chamados artistas, somos vistos *encontrando* como por um milagre ninguém aprende nada. Mas é quando nos veem *não encontrando*, transpirando, chorando, nos desesperando, que é apaixonante, empolgante, pedagógico.

FP: Depois de quarenta anos, você tem a impressão de já ter encontrado algumas coisas?

AM: A cada espetáculo, acabamos sempre por encontrar algo. Mas como saber se vamos encontrar novamente no espetáculo seguinte?

FP: O que torna singular a aventura do Soleil? A companhia?

AM: Sonhar com uma companhia é a própria infância do teatro. Todos aqueles que se aproximam do teatro tiveram, um dia, vontade de empurrar uma carroça. Mesmo que, no começo, nos anos 1960, as companhias tivessem má reputação. Diziam na época que um ator se enterrava numa companhia, ou que virava um funcionário.

FP: Por que fazer teatro de companhia?

AM: Para se aventurar, atravessar oceanos desconhecidos, encarar tempestades austrais, descobrir ilhas salvadoras. Estar num navio que solta as amarras a cada espetáculo. Ter os amores e amigos num mesmo lugar e, ao mesmo tempo, ser nômade. Viver e lutar com, e por uma família que é, ao mesmo tempo, protetora e libertadora. Um universo encantado num mundo cada vez mais desencantador.

FP: Viver numa companhia não seria também uma maneira de se esconder?

AM: Não. Mas é uma proteção moral. Uma proteção contra a traição, o abandono, o cinismo, a mesquinharia, a avidez. Contra a imobilidade. E também contra a agitação. É certamente um dos melhores antídotos para a pretensão. Esses são defeitos que todos nós temos; ou, pelo menos, que eu tenho. Mas viver numa companhia é uma espécie de ascese. É um exercício, uma disciplina, um aprendizado permanente. Do outro e de si. De escuta. Não dá para ser preguiçoso. E acho que eu poderia ter sido muito preguiçosa se não tivesse sido encarregada desse navio, onde entra água assim que a gente se distrai, que pode afundar a qualquer manobra errada, que pode explodir a qualquer momento se não limparmos o paiol. Eu teria sido hesitante demais. Tem tantas coisas que me interessam. "Ah, eu vou fazer isso! Não, olha, aquilo também me interessa, vou fazer aquilo! Eu vou aprender tal língua, eu vou..." E acabo não fazendo. Como é que, sendo assim, consegui criar uma companhia? Porque outras pessoas me impediram de *não criá-la*. Houve certos momentos mais melancólicos, em que eu tive vontade de desistir, em que as feridas eram profundas, em que eu pensei: "Agora basta! Pronto! Acabou!" Mas no momento em que eu ia dizer "Acabou!", havia sempre uma pessoa ou duas em cujo olhar eu podia ver que "Não, de jeito nenhum, não pode acabar!". Elas nem imaginavam essa possibilidade.

Mesmo quando tudo vai bem na vida de uma companhia, tem sempre alguém que acha que as coisas não vão bem. Esse alguém, é preciso escutá-lo e, ao mesmo tempo, não deixar que ele imponha seu humor. Às vezes é só um machucadinho, às vezes é a peste. É preciso saber distinguir a peste de um machucadinho. Quando eu era mais nova, confundia um com o outro. Mas um machucadinho se cura com uma simples palavra, e a peste precisa ser erradicada!

FP: Quando é que sabemos que se trata da peste?

AM: Tarde demais, em geral. Mas – eu bato na madeira – nós sempre sobrevivemos. Sobretudo porque, mesmo quando tivemos pestes, raramente tivemos crápulas. Em quarenta anos, umas quinhentas pessoas passaram pelo Théâtre du Soleil. Uma centena, pelo menos, pode se orgulhar de ter feito parte do núcleo vital. E, no entanto, os legítimos crapulazinhas não enchem nem os dedos de uma das mãos. Mesmo aqueles com quem briguei de verdade, aqueles com quem eu quebrei o pau, não eram crápulas.

FP: Foram quantas crises?

AM: É engraçado, todo mundo sempre se interessa pelas crises do Soleil. Que seja. Foram três. Três grandes. Depois de *A era de ouro*, depois dos Shakespeare e depois de *Os Átridas*. Sempre depois dos triunfos.

FP: Por que essas crises?

AM: Se nós soubéssemos o porquê, nós as teríamos evitado. É algo que não vimos, ou que não conseguimos desmanchar, ou erradicar. Algumas crises talvez não acontecessem mais hoje em dia, porque eu aprendi. Mas nada impede que, agora, enquanto conversamos, haja uma crise nascendo e eu nem suspeite!

No Théâtre du Soleil, nós trabalhamos muito, os salários são modestos, acontece de alguém ficar de saco cheio. De repente, um ator sente que ficaria melhor em outro lugar, que ele seria mais reconhecido, que lhe diriam mais vezes quanto ele é formidável, que ele chegaria ao teatro às quatro da tarde e não às oito da manhã. Eu entendo totalmente que tenham vontade de partir. Aliás, não há crise quando esperam o momento mais sensato para partir, entre dois espetáculos, para não prejudicar a companhia. Nesse caso, a porta não se fecha, não tem ruptura. Existe uma espécie de contrato moral entre nós: quando a gente se envolve, é por toda a duração do espetáculo. Um ano, dois anos... Depois disso, faz-se uma nova escolha.

Algumas vezes, eu não soube cuidar dos machucados. Por vezes, minha paixão por alguns, pelo meu trabalho com alguns, me impedia de ver que eles já estavam andando com as próprias pernas, e que desejavam outra coisa. E quando eu compreendia, enfim, ficava com raiva deles, porque era tão bonito o que fazíamos juntos... Sem contar que a minha admiração quase amorosa por certos atores da companhia deixava os outros muito tristes. Eu aprendi, depois de *Os Átridas*, a aceitar as separações sem estragar a relação. Quando um ator termina o que tinha de fazer e quer partir, eu tenho de aceitar. Mesmo que isso me entristeça.

FP: É como um abandono.

AM: É. Eu me sentia traída e abandonada! Até que, um dia, estava vendo os registros de Jean Dasté[1], cuja companhia (Compagnie des Comédiens de Grenoble) foi memorável. Pois bem, a média de estada dos atores, inclusive daqueles considerados pilares, era de quatro anos! Eu não podia me queixar! Era provavelmente aquela a quem menos abandonavam! Então, fiz grandes sermões, de que não me apegaria mais. Nunca mais. Até parece! Como é que se pode trabalhar com atores sem se apegar a eles? A gente se apega a tudo, o tempo todo. Por isso as crises. Não tem crise quando alguém de quem a gente *não gosta muito* vai embora, tem crise quando vai embora aquele ou aquela de quem a gente *mais gosta*!

Isso é que é doloroso. Especialmente porque no Soleil foram muito poucas as pessoas a quem não me afeiçoei *muito*. No mais, quando partiam aqueles atores e atrizes cujo talento e o amadurecimento eram gratificantes e magníficos, era um suplício sem fim. No dia em que tinham se tornado mestres, prontos para transmitir sua arte, iam embora!

Felizmente, hoje, depois de sete anos, dez anos, dezessete anos, uma grande geração ficou para cultivar nossa arte. Alguns deles talvez partam um dia, mas... que seja mais tarde. O mais tarde possível!

FP: E por que as crises vieram depois dos triunfos?

AM: Ainda nas crises?! Que seja! Os triunfos não são sempre seguidos de crises, mas as crises vêm sempre depois dos triunfos. Quando os atores brilham de repente, todos os egos se superdimensionam. Eles passam a almejar um território só deles. Mas você percebeu como você insiste na crise?! Você me faz de novo essa mesma pergunta sobre a partida, a ruptura, enquanto os atores ficam no Soleil durante dez, quinze anos, vinte, trinta anos. Aqueles que a gente chama de *novos* estão aqui há oito anos! E muitos saíram para virar diretores. Alguns com sucesso. Além disso, muitos críticos só dão atenção a um ator do Soleil depois de sua partida. Não consigo engolir isso. É uma coisa que nos machuca. Os críticos escrevem, no melhor dos casos: "Os atores estão magníficos." Deem nome aos bois, poxa vida! Digam *quem* está magnífico!

Digam que René Patrigniari e Philippe Léotard estavam magníficos em *A cozinha* e em *Sonho de uma noite de verão.*

Que Jean-Claude Penchenat estava magnífico em *Sonho de uma noite de verão*, em *1789*, em *1793* e em *A era de ouro.*

Que Philippe Caubère estava magnífico em *A era de ouro.*

Que Mario Gonzales estava magnífico em *A era de ouro.*

Que Philippe Hottier estava magnífico em *A era de ouro*, em *Ricardo II* e em *Henrique IV.*

Que Odile Cointepas estava magnífica em *Ricardo II* e em *Noite de reis.*

Que Joséphine Derenne estava magnífica em *Os palhaços*, em *1793*, em *A era de ouro*, em *Molière*, em *Mefisto, romance de uma carreira*.

Que Georges Bigot estava magnífico em *Ricardo II*, em *Henrique IV*, em *A história terrível porém inacabada de Norodom Sihanouk*, em *A Indíada*.

Que Maurice Durozier estava magnífico em *Ricardo II*, em *Henrique IV*, em *A história terrível porém inacabada de Norodom Sihanouk*, em *A Indíada*.

Que John Arnold estava magnífico em *Ricardo II* e *Henrique IV*.

Quer que eu continue?

Que Andrès Pérez Araya estava magnífico em *Sihanouk*, em *A Indíada*.

Que Simon Abkarian estava magnífico em *Sihanouk*, em *A Indíada*, em *Os Átridas*.

Que Catherine Schaub estava magnífica em *Os Átridas*.

Que Nirupama Nityanandan estava magnífico em *A Indíada*, em *Os Átridas*, em *A cidade do perjúrio*, em *Tartufo*.

Que Brontis Jodorowsky estava magnífico em *Tartufo*.

Que Delphine Cottu, Eve Doë Bruce, Marie-Paule Ramo, Hélène Cinque e Carolina Pecheny estavam magníficas em *E de repente, noites em claro*.

Que Myriam Azencot estava magnífica em *A Indíada*, em *A cidade do perjúrio*, em *Tartufo*, em *E de repente, noites em claro* e em *Tambores no dique*.

Digam que Juliana Carneiro da Cunha estava magnífica em *Os Átridas*, em *A cidade do perjúrio*, em *Tartufo*, em *Tambores no dique*.

Que Renata Ramos Maza estava magnífica em *A cidade do perjúrio*, em *E de repente, noites em claro*, em *Tambores no dique*.

Que Sava Lolov estava magnífica em *Tambores no dique*.

Que Serge Nicolaï estava magnífico em *Tambores no dique*.

Que Duccio Bellugi Vannuccini estava magnífico em *E de repente, noites em claro*, em *Tambores no dique*.

Digam, redigam, digam de novo que a música de Jean-Jacques Lemêtre é magnífica.

Nomeiem-nos! Isso não tirará mérito nenhum da companhia. Uma companhia pode aceitar que haja primeiros, segundos-violinos, que cada um não tenha a mesma responsabilidade artística. Temos direito ao mesmo salário, mas não necessariamente ao mesmo reconhecimento.

FP: Como fazer para que se aceite o primeiro-violino?

AM: Isso se decide em cena. Aliás, se o primeiro-violino não for uma besta quadrada ou um canastrão, será amado por todos, pois garantirá a transmissão pelo exemplo, por sua sabedoria. Quando eu dirijo um estágio, sei que se não houver um ator ou uma atriz capaz de compreender e aplicar na frente dos outros o que eu pedir, posso falar durante quinze dias sem que nada aconteça.

Giorgio Strehler[2] é o único que se afasta dessa concepção, e mesmo assim não acredito nos diretores que ditam tudo. Um diretor, na minha opinião, deve apenas dar espaço ao ator. Por dentro e por fora. Varrer o eu, os trejeitos, os exageros, o exibicionismo. Dar-lhe o ar, e não queimar tudo. Criar o vazio, mas um vazio matricial. Um vazio, mas um vazio carnal, quente, fecundo, mágico. Se, diante de dez pessoas talentosas – e quando eu digo "talentosas" não quero dizer necessariamente "experientes", mas com uma capacidade de visão, de encarnação, de evocação e, sobretudo, de invocação –, se, diante delas, um diretor exibe setenta ideias por segundo, é um desperdício, um engarrafamento.

FP: Como fazer, então?

AM: Eu não sei como se deve fazer. Eu procuro. Mas deve se desconfiar das boas ideias de diretor. Deve-se olhar. E ver. O diretor é aquele que propõe uma ferramenta, pois não se deve deixar os atores se afundarem no psicológico. Mas a partir do momento em que essa ferramenta se revela eficaz para achar a metáfora geral e as metáforas particulares do espetáculo, tempo! é preciso descansar a massa, para que ocorra a fermentação. E então: "Ah! Olha só, não presta mais, foi da fermentação para o mofo." Mas sobretudo nós acreditamos nos atores, e os atores acreditam, ponto. Pois é, o tesouro dos atores é o dom da credulidade. E eu acredito, pessoalmente, que esse é também o tesouro do diretor. Se eu não acreditar nos atores, mesmo se quando ao chegarem aqui eles ainda tiverem cara de... banana, se eu não enxergar, escondida no amorfo, a evidência futura, não poderei ajudá-los. No entanto, não quero nem posso acreditar neles quando eles mentem.

FP: Como saber quando os atores mentem?

AM: A princípio, os atores não mentem quando conservam a infância, a ingenuidade. Eu disse "ingenuidade", que não se pode confundir com "idiotice". Ingênuo é aquele que nasce a cada instante. Os verdadeiros atores vivem o instante, sem falsificá-lo. A longo prazo, a atuação deles se torna tão transparente que vira a própria vida. Afinal de contas, atuar não é trapacear. Parece que há um público para os trapaceiros, mas eu não faço parte dele. Eu tento nunca escolhê-los.

FP: Sua desconfiança com relação às ideias...

AM: As boas ideias? Elas pesam demais! Uma boa ideia seduz durante meia hora, daí percebe-se que ela é como um móvel incongruente no meio do palco e que atravanca todo o resto. Braque diz: "Quando eu começo, me parece que meu quadro está do outro lado, coberto apenas por essa poeira branca, a tela. Basta-me espaná-lo. Eu tenho a escovinha que faz surgir o azul, uma outra o verde ou o amarelo: são meus pincéis. Quando tudo está limpo, o quadro está pronto."*

É também o que disse uma criança a Brancusi: "Como é que você sabia que tinha um cavalo dentro desta pedra?"

Procurar um personagem com um ator, é, antes de mais nada, torcer para que exista o personagem dentro do ator, ou para que ao

* Georges Braque, em entrevista a Jean Paulhan, no livro *Braque, Le patron* (1986).

menos exista espaço para esse personagem. E, em seguida, deixá-lo surgir. Limpar para que ele surja.

FP: Mas tomemos o exemplo do seu próximo espetáculo, *O último caravançarai*. Os tablados sobre rodas, ou melhor, os carrinhos sobre os quais os atores já ensaiam e trabalham, não seriam uma ideia de encenação?

AM: Não. São uma necessidade física, quase inexplicável do ponto de vista estritamente dramatúrgico. Veio da prática, desde os primeiros dias. Eu tinha pedido que os atores construíssem um caminhãozinho enfeitado, como aqueles que existem no Afeganistão, para começarmos os ensaios. A emigração por lá começa sempre com um caminhão. E eles o construíram. Eles construíram o mais teatral, o mais afegão e o mais verossímil dos caminhõezinhos já construídos num teatro. As primeiras improvisações começaram. Tudo estava verdadeiro e poético ao mesmo tempo. Mas bastava que um deles botasse o pé no chão para que tudo ficasse falso, pesado e realista. Sem música. Nós então acrescentamos uma casinha (a carrocinha do lixo!), e a poesia e a verdade voltaram, mas acabavam evaporando assim que deixávamos nossos pequenos territórios rolantes e botávamos os pés sobre o tablado fixo. Logo, desde o terceiro dia, todos os personagens chegavam nos carrinhos. Assim, não se tratava de uma ideia, mas de uma ferramenta. Não cheguei dizendo para os atores: "Vocês vão fazer isso!" Não, foi algo que surgiu quando botamos a mão na massa, como um ingrediente especial, um fermento.

FP: Então o que seria, exatamente, uma ideia "de diretor"?

AM: Jacques Copeau[3] diz que é uma maneira de fugir, de sair pela tangente. Muito frequentemente é um *a priori* imposto por um diretor inquieto e apressado, ou muito narcisista. Às vezes, eu preciso tomar emprestadas umas muletas, mas eu aviso aos atores: "Estamos fazendo assim ou assado porque é minha muleta, mas logo vamos nos livrar dela." Não tem erro: a muleta nos ajuda um pouco, e logo em seguida surge a Evidência, que é quando jogamos fora as muletas! Sabe, é preciso atores extremamente corajosos para trabalhar com um diretor que começa dizendo: "Eu não faço ideia de como vamos fazer!" É preciso que eles tenham realmente muito desejo de aventura e muita confiança em mim. E neles mesmos.

FP: E o que seria o poder de invocação dos atores?

AM: É uma palavra que eu usava muito na época das peças de Shakespeare. Eu dizia: "Nós estamos ressuscitando homens e mulheres que estão deitados sob camadas e mais camadas de pedra, em condados ingleses que nós nunca visitamos, e nós devemos invocá-los. Por intermédio de Shakespeare, eles estão vivos."

Em 1987, o grande poeta afegão Sayd Bahodine Majrouh* veio assistir ao espetáculo *A Indíada*. Depois do espetáculo, ele me perguntou: "Como é que você sabia que Abdul Gafar Khan tinha suspendido Nehru nos braços como uma criança?" Parece que, quando criança, ele tinha assistido a uma festa em que Gafar Khan, que era um colosso, havia acolhido Nehru, o havia levantado do chão e jogado no ar como uma criança. Eles riam. Mas nós não sabíamos de nada! De onde é que veio essa história? Do trabalho nos ensaios, da verdade de cada personagem, da verdade das suas relações. De sua diferença corporal. Se isto não é invocação...

Ainda na *Indíada*, tem uma cena em que Nehru esbofeteia dois ministros. Eu havia dito: "Nehru entra em cena, fora de si, encontra esses policiais corruptos, e se ele escutasse a si mesmo, bateria neles." Georges Bigot, que interpretava Nehru, ouve isso, entra como um raio e *pá!*, lhes dá um corretivo que surpreende até a mim. Ficamos com o tapa. Depois de uma apresentação, o embaixador da Índia me disse: "Nehru nunca faria uma coisa dessas!"

---

* Autor de *A voz secreta das mulheres afegãs – O suicídio e o canto*. Lisboa: Cavalo de Ferro, 2005, e *Ego monstre* [Ego-monstro](Paris: Éditions Phébus, 2002). Majrouh foi assassinado em Peshawar pelos talibãs pouco tempo depois de sua visita ao Soleil, em fevereiro de 1988.

Eu respondi: "Mas, senhor embaixador, isso é teatro!" Eu tentava achar uma desculpa. Dois dias depois, ele me ligou: "Contei a tal cena para um amigo que me disse: 'Tá brincando? Não lembra como Nehru esbofeteou um sujeito que tinha deixado uma cidade inteira morrer de fome?'" Pois então, o teatro é uma arte de invocação, e os atores são grandes invocadores! Eles ressuscitam os mortos, fazem voltar as lembranças mais distantes.

Muito antes do espetáculo, ainda nos camarins, eles deixam de se chamar pelos nomes verdadeiros, chegando a chamar-se de majestade, se for o caso.

FP: E eles acreditam?

AM: Acreditam. É assim que eles chegam aos confins do teatro. Em *Tartufo*, entre Juliana Carneiro da Cunha, que fazia Dorine, e Myriam Azencot, que fazia Madame Pernelle, tinha uma brincadeira durante a maquiagem. Juliana virava pouco a pouco Dorine, e quando ela acabava de pôr o turbante, ela já era Dorine. Nesse momento, ela chamava Myriam: "Madame Pernelle, Madame Pernelle!", e Myriam, como o personagem, ia achando tudo cada vez mais detestável e indecente à medida que a hora do espetáculo se aproximava. Teria bastado que alguém dissesse a Myriam: "Ah, mas você tá me irritando com essa história! Hoje não estou com vontade de te chamar de Madame Pernelle! Você é só a Myriam", para que ela se sentisse incapaz de atuar nessa noite. Ou, ao menos, incapaz de *gostar* de atuar nessa noite.

FP: E você entra nessas brincadeiras?

AM: Mas é claro. Quando vou cumprimentá-los antes do espetáculo, eu digo: "majestade", ou "cara Dorine", ou "monsenhor". Durante a *Indíada*, nós só nos falávamos em inglês com sotaque indiano.

FP: Já aconteceu com você de ser possuída por um texto que montava?

AM: Sim. Pelos *Átridas*. Pelos textos de Shakespeare. Traduzir *Agamêmnon* e em seguida montá-lo é um encantamento. Nos encontramos com nós mesmos a cada esquina do corredor.

FP: Em que personagens?

AM: Em todos! Em Ésquilo, nasce o teatro. Ele levantou a tampa dos homens e todo o interior saiu: vísceras, alma, espírito, língua, globos oculares, tripas, tudo!

FP: Em Shakespeare, você também se sentia por trás de cada personagem?

AM: Não se pode montar um espetáculo que não fale um pouco de nós mesmos, dos nossos horrores, fantasmas e desejos.

FP: O teatro é uma arte feiticeira?

AM: É. O teatro pode contar tudo! Nós é que nem sempre sabemos fazê-lo.

SEGUNDO ENCONTRO

a aventura começa

CARTOUCHERIE
quarta-feira, 25 de setembro de 2002, 8h30

O ambiente lembra um formigueiro teatral. Tendo passado pela porta grande de madeira que separa a administração à esquerda, a cozinha e a sala de jantar à direita e o ateliê de construção no fundo, todos estão a postos, sorridentes, amáveis, prestativos – e todos continuarão assim até o fim das entrevistas. Ariane, de calça folgada cinza-bege e um grande pulôver azul-piscina, resolve alguns problemas técnicos com um membro da equipe, fala do almoço com os cozinheiros, pergunta a um ator resfriado como está sua saúde. Ela está de bom humor, acabando de tomar seu chá. E prefere não saber ainda sobre o que nós vamos conversar.

FABIENNE PASCAUD: Como é que você chegou a esse nome, Théâtre du Soleil, quarenta anos atrás?

ARIANE MNOUCHKINE: Nós estávamos lá em Ardèche, acho que era em Largentière, uma pequena cidade no sul da França, com alguns fundadores – Jean-Claude Penchenat, Gérard Hardy, Philippe Léotard, Jean-Pierre Tailhade – e mais alguns outros que, no fim das contas, não fizeram parte da fundação. Procurávamos um nome bonito, todos trancados num quarto de hotel e enfiados debaixo do edredom. Isso durou a noite inteira. Nós queríamos o nome mais bonito, o mais inspirador, aquele que realmente significasse o que era o teatro para nós. "A vida", "O fogo", "O calor", "A luz", "A beleza", "A humanidade". Até que, em um dado momento, alguém sugeriu (acho que fui eu mesma): "O sol." Discutimos, alguns tentaram achar coisa melhor, mas não conseguiram.

Em maio de 1964, criamos uma cooperativa operária de produção em que todos os membros, do ator à costureira, do técnico ao decorador, ganhavam, ou melhor, ganhariam um dia, o mesmo salário o ano inteiro. Fixamos, logo de cara, o funcionamento coletivo. E, com fé no futuro, nos afirmamos *profissionais*. Mesmo que ainda não fosse o caso. Mesmo que ainda não pudéssemos nos pagar e a maioria tivesse que trabalhar paralelamente para ganhar a vida. Aliás, durante muito tempo nos trataram como amadores. Tanto é que acabamos pedindo para sê-lo.

FP: Quem são os membros fundadores?

AM: Jean-Claude Penchenat, Jean-Pierre Tailhade, Gérard Hardy, Myrrha e Georges Donzenac, Françoise Tournafond e eu. E o meu pai e seu sócio Georges Dancigers! Cada um, no início, trouxe uma pequena cota. Acho que era o equivalente a novecentos francos, 140 euros.

FP: Que teatro você queria defender, na época?

AM: Nós não sabíamos nem o que íamos encenar! Não éramos nem brechtianos nem nada, só estávamos juntos. Tivemos a ideia de montar *Os pequeno-burgueses*, do Górki, traduzido por Arthur Adamov, porque, afinal, isso é o que quase todos éramos, pequeno-

-burgueses, então encenaríamos isso e a peça nos daria uma lição. Tivemos um pequeno sucesso na MJC (Maison de la Jeunesse et de la Culture [Casa da Juventude e da Cultura]) da Porte de Montreuil, nos arredores de Paris, depois no Théâtre Mouffetard, em Paris. Tivemos nossas primeiras críticas verdadeiras, também. Os críticos eram Gabriel Marcel e Claude Morand. E a primeira visita de dois inspetores do Ministério da Cultura: Gaston Deherpe e Georges Lherminier. Na época, esses dois brotavam na periferia, nos teatros municipais, estaduais, nas casas mais distantes de jovens atores. Eles viam tudo. Nenhuma companhia nova minimamente promissora escaparia de seu pente-fino. Assim que fazíamos um trabalhinho de nada, eles pegavam o ônibus, o metrô, não importasse o tempo, chegavam, vindos do outro lado do mundo, e não só viam tudo, como vinham falar conosco depois. Quando eles não gostavam, era desagradável. Mas quando gostavam, eles incentivavam, seguiam, ligavam: "A quantas anda a peça? E os projetos?" Eram ratos de teatro! Graças a eles, nós, jovens, iniciantes, podíamos esperar uma ajuda do ministério. Eu sinto uma enorme gratidão por eles. Tivemos a sorte de começar no início dos anos 1960 com todas essas fadas insólitas reunidas ao redor do nosso berço. Eram apaixonados por teatro que tinham uma só vontade: vê-lo nascer! Para os jovens de hoje, tudo é muito mais difícil.

Tanta gente do meio, na época, dava um sorriso, uma palavra de incentivo. Eu me lembro, por exemplo, da gentileza de Gabriel Garran, diretor do Théâtre de la Commune d'Aubervilliers, perto de Paris. Eu não era nada, não passava de uma garotinha que dizia às pessoas: "Oi, quero criar uma companhia de teatro, o que é que eu devo fazer?" E ele me acolheu com todo o tempo do mundo, e terminou com a seguinte recomendação: "Não se esqueça: nessa profissão, a solidão é a morte." Ele tinha razão.

Depois disso, fomos ver a Sonia Debeauvais, que trabalhava no Théâtre National Populaire [Teatro Nacional Popular] com Jean Vilar. Ela ficou conosco até o anoitecer, explicando o que eram as relações públicas, como fazer cartazes, organizar a bilheteria etc... E sobretudo nos falando sobre Vilar, coisa que ela nunca parou de fazer desde então.

Houve pessoas que se dedicaram a tomar conta da gente, nos educaram, deram conselhos essenciais para abordarmos o cotidiano teatral. Hoje em dia, quando os jovens se apresentam, é preciso uma quantidade enorme de telefonemas até que o responsável pela programação dos teatros resolva, finalmente, *não* sair de casa.

FP: Você se lembra da encenação de *Os pequeno-burgueses*?

AM: Ah, era simples! Não tínhamos nem um centavo. O cenário tinha cortinas de renda (tínhamos comprado um macramê), com um bufê e uma mesa estilo Henrique II. Um interior pequeno-burguês, como o imaginávamos na época. Mas a interpretação era boa. Tenho certeza de que a interpretação já era boa, mesmo que, na época, ainda nos considerássemos amadores.

FP: E os seus métodos de trabalho?

AM: Para mim, no começo, dirigir era marcar a posição dos atores. Eu tinha uma maquete e marcava com soldadinhos de chumbo! No entanto, sabia muito bem que não bastava dizer para o ator andar de lá para cá e pronto, o problema estaria resolvido, mas, já na época, quando não sabia o que fazer, eu abria o jogo. Dois atores mais velhos, que tínhamos contratado – e que eram os únicos a serem pagos –, começaram então a me contestar seriamente. Eu me lembro muito bem de Philippe Léotard, que veio me socorrer: "Vocês não concordam? Não estão gostando? Então caiam fora!" Nunca mais os vimos. Começamos tudo de novo. Mas sem a lealdade de Philippe, nesse dia, não sei se teria conseguido superar esse choque inicial.

Os diretores e os atores aprendem uns com os outros. Quando um ator, mesmo um amador, acha o tom certo, é como uma deflagração, que abre caminhos para o diretor. E vice-versa. Quando um diretor acha uma indicação, uma imagem, uma visão inspiradora para um jovem ator, ele o empurra para a frente. Eles se constroem mutuamente. Com exceção, talvez, dos processos mais tradicionais, em que há um trabalho de transmissão, com um mestre, durante anos, um tipo de trabalho que nós só abordamos mais tarde.

Nesse momento inicial, bastava ser simples e verdadeiro. Disso eu sabia. Mas não era nem simples, nem fácil. Aliás, ainda não é.

FP: Na época, você já trabalhava com improvisação?

AM: Já. Nós já tínhamos trabalhado muito com isso. Na volta da minha longa viagem, tive aulas com Jacques Lecoq[4] durante seis meses. Ele me fez entender o que eu tinha visto e sentido de maneira confusa no Japão e na Índia. Lecoq entendia perfeitamente para que serve um corpo. Antes de Lecoq começar a dar aulas na França, ainda achávamos que os únicos instrumentos do ator eram a memória, a voz e as palavras. Graças a ele, percebemos que o corpo era a ferramenta primordial. O ator só poderia se alimentar de palavras depois de ter educado o corpo. Lecoq ensinava isso no exato momento em que se começava a trabalhar com ele, fosse durante um trimestre ou dois. Tudo que estava na panela, cozinhando devagar e que, sem ele, durante muito tempo, permanecia confuso, com ele de repente se esclareceu, com o trabalho da máscara, do gesto. Lecoq me ajudou a ligar todos os pontos. "Então é como no Japão, como na Índia?" E ele: "Isso, exatamente!" Ele fazia uma espécie de análise textual, como na escola. Eu já conhecia o texto de cor, já o recitava por aí, mas ainda não sabia o que queria dizer.

Lecoq tinha prazer em ensinar, e dava prazer vê-lo ensinar. Ele nos fazia descobrir, porque ele mesmo redescobria tudo a cada instante. O teatro é a arte do presente. Ele era um pedagogo incrível.

FP: Por que você ficou tão pouco tempo com ele?

AM: O Soleil aconteceu mais rápido do que prevíamos. Eu não tinha mais tempo. É claro que, se eu quisesse ser atriz, teria ficado mais tempo, com certeza. Mas eu queria ser diretora.

FP: Então, já com essa bagagem, você se lançou na direção *de Os pequeno-burgueses.*

AM: Mas sem saber de nada, ao mesmo tempo! Nós tivemos a imensa sorte de começar antes de 1968. Gostávamos muito uns dos outros. Eu tinha confiança! Tanta confiança! Quando eu me lembro... Eu não escondia que não sabia. Aí talvez morasse a nossa força. Todo mundo sabia que ninguém sabia de nada. Era o segredo mais difundido entre todos. Pouco a pouco fomos compreendendo, aprendendo, mas sempre nos dizendo: aprendemos, mas não adquirimos. Até hoje nos dizemos isso.

FP: Por que você vê o Maio de 1968 como um ponto de virada?

AM: Porque se fosse em 1968, talvez nós tivéssemos fundado o Théâtre du Soleil por ideologia e não por um compromisso idealista. Sempre nos dizem: "Vocês nasceram por volta de maio de 1968." E, a cada vez, eu respondo: "Não, nós nascemos muito antes!" Tive certeza disso recentemente, escutando um programa de rádio da France-Culture sobre os primeiros responsáveis das casas de cultura para jovens criadas após a guerra. Ouvi essas antigas vozes juvenis, o entusiasmo com que elas contavam suas primeiras tentativas de levar os jovens para o teatro! Esses homens e mulheres acreditaram no que eles faziam, fizeram o que eles acreditavam que tinha que ser feito e nunca voltaram atrás. Nós nascemos daí, dessas pessoas que acreditavam na paz depois da vitória, que acreditavam que, tendo saído do inferno, iríamos virar a sociedade mais fraternal, culta, igualitária e justa. E alguns passaram a vida lutando para construir essa sociedade, e de certa maneira a construíram. E ainda que eu fosse muito boba quando comecei, muito jovem, muito arrogante para perceber que eu vinha deles, bastou escutá-los mais recentemente para que isso ficasse claro. É óbvio! Foram esses pioneiros que nos fizeram nascer. Mas esse idealismo foi rapidamente tratado como obscenidade pelos ideólogos. Felizmente, nós nunca compartilhamos esse preconceito arrogante. O que não nos impediu de dizer um monte de besteiras na época...

FP: Quando?

AM: O tempo todo! Antes, durante, depois...

FP: Que besteiras?

AM: Foram várias, nem lembro mais. Nem quero lembrar. Elas me deixariam roxa de vergonha! Mas sei que, ao contrário de alguns, nós nunca fomos sectários. Nunca nos inscrevemos em lugar nenhum, nunca tivemos carteirinha. Poderíamos muito bem ter virado esquerdistas. Mas não viramos. Bastava, para nós, ser de esquerda, honestamente de esquerda.

FP: Nem mesmo a tentação do Partido Comunista, nunca?

AM: Não, ninguém nunca se inscreveu em lugar nenhum. Mas nós poderíamos ter virado maoistas. Para nossa sorte, alguns deles vieram uma noite, fazer uma "intervenção" no teatro. Depois disso, não tinha mais como virarmos maoistas. Se eles eram assim em Paris, imagina só em Pequim!

FP: Quando foi que eles vieram?

AM: Durante *A era de ouro*, em 1975. Eram do "Foudre", um grupo maoista de intervenção cultural, saído de um pequeno grupo do filósofo Alain Badiou. No final da peça, eles começaram a vociferar que nosso espetáculo não representava suficientemente o povo, a classe operária etc... Mas logo naquela noite, por sorte, havia um ônibus de funcionários de uma empresa que tinha vindo de Sochaux, acho. Não acontecia sempre, mas dessa vez o Mao não deu sorte, nós estávamos recebendo 55 operários naquela noite. Operários de verdade, provavelmente sindicalizados. Logo, não precisamos fazer mais nada. Só assistimos ao jogo, felicíssimos, como você pode imaginar. Tudo evaporou imediatamente: a prepotência, a afetação, o virtuosismo argumentativo. Mas se aqueles operários, aqueles legítimos operários de Sochaux, não estivessem ali, naquela sala, naquela noite, talvez alguns de nós tivéssemos virado maoistas. No fundo, todo esse período teve uma série de erros evitados por um triz.

FP: Depois de *Os pequeno-burgueses*, em que vocês aprenderam a trabalhar juntos na companhia, vocês criaram *O capitão Fracasso*, em 1965, a partir de um romance de Théophile Gautier.

AM: Um dos clássicos da minha infância. Provavelmente uma das razões pelas quais eu resolvi fazer teatro. Philippe Léotard tinha escrito uma adaptação muito feliz. Mas que fiasco! O primeiro fiasco a gente nunca esquece. Era no Théâtre Récamier, em Paris. No Théâtre Récamier, nada dava certo. E nós pecamos por vaidade. Fomos para esse teatro enorme tendo criado a peça na casa de cultura para jovens da rua Louis Lumière, em Porte de Montreuil (nós devemos muito a essa casa de jovens e a seu diretor de então, a quem nós sempre esquecíamos de devolver as chaves!). Tenho que reconhecer que esse espetáculo era bastante desajeitado, infantil, verde, um pouco influenciado pelo circo e pela comédia musical. Tinha canções, partes versificadas... Para resumir, ninguém veio ver. Resultado: nossas primeiras dívidas. Eu gostava bastante desse espetáculo. Não me arrependo. Aliás, não me arrependo de nada.

FP: Apesar do fiasco, você continuou a dirigir a companhia?

AM: O quê?! Se todos os diretores de companhia pedissem demissão no seu primeiro fiasco, não sobrariam muitas companhias! No mais, quando um diretor vai contra a opinião de todos durante o processo e no final acontece o fiasco, aí, sim, a coisa fica preta. Mas quando todo mundo trabalhou de coração, quando fomos sinceros e nos divertimos, mesmo se o trabalho não ficou perfeito, aí o fracasso não nos abala. As companhias são muito mais sacudidas por um sucesso do que por um fracasso. Em *O capitão Fracasso*, nós nos achávamos gênios incompreendidos! O único que nos defendeu até o fim foi o crítico de teatro Gilles Sandier. Mas não tenho dúvidas de que não trabalhamos tão a sério quanto deveríamos.

FP: O que você chama trabalhar "a sério"?

AM: Logo depois, para *A cozinha*, em 1967, nós começamos a trabalhar da maneira que eu chamo "a sério", isto é, até o esgotamento. Como a maioria de nós tinha de trabalhar durante o dia para viver, nos encontrávamos à noite, às sete horas, e trabalhávamos até a uma ou as duas da manhã. E só parávamos porque as pessoas que iam acordar de manhã cedo tinham que dormir em algum momento.

FP: Como é que você tomou conhecimento do texto de Arnold Wesker?

AM: Martine Franck um dia me disse: "Em Londres, tem uma peça muito interessante, criada por um teatrinho, que funciona muito bem." Eu li a peça e achei extraordinária. A história se passava toda dentro de uma cozinha de restaurante antes, durante e depois do *rush*. Eu nunca imaginei que Wesker, que estava estourando na Inglaterra, nos daria sua peça. Mesmo assim, nós escrevemos uma carta, do tipo: "Não somos ninguém, você já deve ter recebido dezenas de pedidos para a sua peça, mas, enfim, se, por acaso, você quiser cometer o desvario de dá-la a um bando de jovens, eu prometo que eles vão lutar com todas as suas forças para defendê-la." Inacreditável: ele nos deu a peça! E nós a adaptamos, eu e Philippe Léotard.

FP: Como ele era na época?

AM: Philippe? Cheio de charme e de talentos de toda sorte, cheio de promessas adoráveis, sedutor, engraçado, tão engraçado. Era um dos meus três ou quatro melhores amigos. Sobre o que aconteceu em seguida, prefiro não falar. Eu não participo do culto a artistas malditos e lamento profundamente que alguns, tanto a mídia quanto seus amigos, tenham tão frequentemente alimentado Philippe a seguir seu desvio.

FP: E *A cozinha* foi um sucesso! E nesse lugar mágico, o Cirque Montmartre,* antigo Cirque Medrano, hoje destruído, na rua des Martyrs, em Paris...

AM: Eu não sei mais quem teve a ideia de fazer nesse lugar. Talvez tenha sido Jean-Claude Penchenat. Existem ideias magníficas que só aparecem porque estão te expulsando de todos os lugares.

FP: E o próprio formato do circo provoca uma cenografia mais inventiva...

* O circo foi construído em 1872 em Paris, no bairro de Montmartre, e destruído em 1973.

AM: Não. Esse foi o caso em *Sonho de uma noite de verão*, que nós montamos em seguida, mas não em *A cozinha*. Na ocasião, tudo continuou muito frontal. De resto, tudo estava no texto. Wesker nos dá a receita: em sua cozinha, nada de carne de verdade, nada de massa de verdade, tudo é mímica. Os atores fizeram um trabalho extraordinário. Alguns espectadores diziam: "É inacreditável! Foi só quando voltei para casa, falando sobre a peça, que eu percebi que não tinha visto comida de verdade, só utensílios." A peça é chocante por sua unidade de tempo, de ação, de lugar, por sua forma extremamente expressiva. Bastava obedecê-la.

FP: Eram quantos atores em *A cozinha*?

AM: Éramos 25. E já éramos de mil nacionalidades, porque a peça pedia.

Logo, sucesso. Pela primeira vez éramos pagos. Quer dizer, éramos pagos com dinheiro.

Eu acho que só a partir daí nasceu minha vontade de fazer teatro de verdade, teatro grande. *A cozinha* forçou todo mundo a buscar uma forma, uma metáfora física. Descamar um linguado que não existe, transparecer o desespero de alguém pela maneira com que ele bate os ovos, isso, sim, é teatro. Eu comecei a amar o teatro apaixonadamente. A arte do teatro, e não só a aventura teatral.

FP: E não houve essa revelação nos outros espetáculos?

AM: Não exatamente. Em *A cozinha*, abandonei meus soldadinhos de chumbo, minha maquete. A ideia que eu tinha do teatro ideal começou a rivalizar com a ideia que eu tinha da vida ideal de uma companhia de teatro. Percebi, então, que estávamos longe do que eu queria ver no teatro, isto é, algo sublime, e que nós ainda ficaríamos longe por um bom tempo.

FP: Foi para se aproximar do sublime que você montou *Sonho de uma noite de verão*, de Shakespeare?

AM: Isso veio de uma conversa com Jean-Claude Penchenat. Ele me perguntou o que iríamos fazer depois. "Ah, se a gente fosse melhor montaria um Shakespeare! Eu ia amar fazer *Sonho de uma noite de verão*. Mas a gente ainda não é bom o suficiente. Um dia, quem sabe... 'Por que esperar?', me disse ele. Em dez anos você ainda vai me dizer que não é boa o suficiente. Então por que não fazer agora? E depois você remonta quando for melhor."

FP: Por que *Sonho de uma noite de verão*?

AM: Poucas obras teatrais são tão eróticas e exploram tanto o inconsciente amoroso. *Os Átridas*, talvez. Em outro gênero. Eu bem que montaria *Sonho de uma noite de verão* de novo.

FP: Por quê?

AM: Porque, apesar dos defeitos de juventude, era um dos nossos mais belos espetáculos. Nós o criamos em fevereiro de 1968, no Cirque Montmartre. Maio de 1968 chegou. Paramos. Não voltamos em junho por causa da greve geral. Logo, nos apresentamos muito pouco. O cenógrafo Roberto Moscoso concebeu e construiu um cenário deslumbrante: o palco era levemente inclinado e as árvores da floresta, esculpidas em simples pranchas, eram suspensas, caindo do alto do céu, como totens. Se tocássemos nelas, elas mexiam. Eu acho que vou sentir falta dessas árvores para sempre. Os atores pareciam representar dentro da floresta, dentro da flora e da fauna. Havia luas atrás, várias luas que se acendiam, às vezes ao mesmo tempo. E o piso! Um dia, cruzei com um vendedor de pele de cabra, e vi três peles de cabra vermelhas e negras abertas no chão. Eu disse a mim mesma: "Isso parece limo! É disso que a gente precisa." E foi o que a gente fez. O palco inteiro era coberto de pele de cabra. Eu me lembro que eu e Roberto passamos três noites sozinhos no circo, ouvindo elefantes bramirem, feras urrarem, enquanto espalhávamos aquelas peles para fazer um piso castanho e mágico. Essa terra, esse limo, esse manto animal...

E Philippe Léotard como Bottom, Serge Coursan como o Leão, Claude Merlin como Lecointe, Gérard Hardy como o Muro, Gerald

Denisot como a Lua, Jean-Claude Penchenat como Tisbe. Poucas vezes, poucas vezes eu ouvi um público rir daquele jeito. Eles estavam deliciosos. René Patrignani fazia o Puck que eu sempre sonhei. Aliás, o Puck que todos os diretores do mundo sempre sonharam.

FP: Você lamenta ter sido forçada a parar o espetáculo por causa de Maio de 1968? O que você acha hoje daquele momento?

AM: Muitas coisas me encantaram em Maio de 1968, mas eu não fui transformada pelo Maio de 1968. Primeiro, porque o Soleil já existia, então o "coletivo" a gente já sabia o que era. E também porque logo percebi a fome de poder em vários daqueles que queriam derrubar o poder. E alguns conseguiram, anos depois, satisfazer sua sede na mídia ou na política. Eu não participei da ocupação do Odéon,* se é isso que você quer saber! Mas ia frequentemente até lá para saber o que estava acontecendo.

FP: Como a companhia viveu o acontecimento?

AM: Ela ficou completamente desorientada. Nosso caixa estava vazio. O contrato com o Cirque Montmartre estava expirando, não sabíamos mais aonde ir. Não tínhamos lugar para ensaiar, trabalhar, nos apresentar. Politicamente, nós nos perguntávamos muita coisa, é óbvio. Quando os sindicatos pediam, durante a greve, apresentávamos *A cozinha* em usinas Citroën, Renault e na Snecma. Mas e depois? O que iríamos nos tornar?

Assim, quando um sujeito muito bacana – o responsável cultural da cidade de Dijon – me chamou para fazer uma animação nas Salinas de Arc-et-Senans** durante o verão, eu pedi, na cara de pau, para instalar minha companhia por lá, de 15 de julho a 15 de setembro. E ele aceitou. Pediu leitos no hospital, cobertas no quartel... E, de repente, estávamos nesse sonho de pedra, que são as

* Em Paris, no dia 15 de maio de 1968, estudantes ocuparam o Théâtre de l'Odéon, que se tornou uma sede para assembleias e reuniões.

** Situada na região de Franche-Comté, no leste da França, as Salinas Reais de Arc-et--Senans abrigam um grande número de construções onde são realizadas exposições, peças de teatro, filmagens e todo tipo de eventos culturais.

Salinas de Nicolas Ledoux, contemporâneas de Molière. Na época, elas estavam deterioradas, mas ainda eram as mesmas Salinas, tais como haviam sido concebidas. Uma restauração imbecil e devastadora cairia sobre elas, alguns anos mais tarde. Esses dois meses nesse lugar extasiante foram decisivos para nós e nossa evolução.

FP: Por quê?

AM: Em Arc-et-Senans, não só o Théâtre du Soleil aprendeu, na prática, a vida comunitária (revezamento na cozinha e na manutenção das áreas comuns, participação nos gastos de acordo com os meios de cada um...), mas também uma certa disciplina, uma constância. Nós fazíamos exercícios físicos de manhã e improvisávamos o resto do dia. À noite, certas improvisações eram até apresentadas aos moradores da cidade. E, sobretudo, nós continuávamos a pensar juntos no sentido que queríamos dar à nossa atividade teatral. Poderíamos esperar dela um papel político? Deveríamos esperar isso dela? A resposta foi: "Sim, é claro, mas sem nos deixar manipular pelos acontecimentos, pela demagogia, pela hipocrisia, nem seguir nenhum partido, mesmo amigo." Foi lá que nasceu em nós a convicção de que o "grande teatro" é sempre histórico, que ele deve nos lembrar que nadamos no rio que se chama História, e que somos, todos, ao mesmo tempo, as partículas desse rio, a brigada fluvial e os construtores de barragens.

No Soleil, não teorizamos muito. Nosso desejo de compreendermos juntos, analisarmos juntos o papel do teatro na sociedade está sempre acompanhado de uma prática. Assim, decidimos, naquele verão, nos impor como uma companhia permanente, fossem quais fossem as dificuldades. Todos nós ganharíamos salários iguais e o espetáculo seguinte seria uma criação coletiva. Para muitos de nós, a tomada de consciência política data dessa experiência nas Salinas. E também a vontade de buscar uma nova linguagem cênica e personagens de teatro acessíveis ao grande público. Lá, num determinado exercício, trabalhávamos o tema da Mandrágora mágica que nos transforma no que quisermos. Essas improvisações individuais dariam à luz um roteiro, uma espécie de texto que substituiria a peça tradicional. Disso tudo, nasceu *Os palhaços*.

TERCEIRO ENCONTRO

as origens

CARTOUCHERIE
segunda-feira, 28 de outubro de 2002, 20h30

Os ensaios estão a todo o vapor. Ariane Mnouchkine continua misteriosa e não quer falar nada sobre o espetáculo. Ela parece, no entanto, encantada com as improvisações do dia, que foram filmadas, como de costume. Seu assistente, o calmo, jovem e impenetrável Charles-Henri Bradier, munido de um caderno cheio de notas com caligrafia fina, vem recapitular brevemente e em voz baixa as melhores cenas do dia. Aquelas que vão ficar e as que precisam ser revistas para melhorar. Ariane Mnouchkine me convida com um sorriso amigável a sentar com ela à mesa da cozinha e desfrutar a refeição primorosa, exótica e perfumada que Nissay Ly e That-Vou Ly prepararam para a companhia.

FABIENNE PASCAUD: Ter um pai produtor de cinema – Alexandre Mnouchkine – que produziu tanto Cocteau quanto Philippe de

Broca, Alain Cavalier, Alain Resnais e Claude Miller, foi determinante na sua vida?

ARIANE MNOUCHKINE: Meu pai foi determinante porque me amava. Em todos os momentos da minha existência, a única coisa de que eu sempre tive certeza era o amor do meu pai. E isso sempre me deu força. Ele nunca ofereceu resistência a mim, ou muito pouco. Nunca deixava de se sentir orgulhoso e feliz pelas coisas que eu fazia, e ao mesmo tempo sempre ficava muito preocupado. Nas noites de estreia, por exemplo, ele passava no Soleil, mas como ficava ainda mais nervoso do que eu, não ousava nem entrar na sala.

FP: E sua mãe, June Hannen?

AM: Ela era inglesa, filha de um diplomata bonito como um deus, Nicolas Hannen, que um belo dia abandonou tudo, mulher e filhos, para virar ator de teatro, entrando no Old Vic, em Londres, para representar *Henrique V* com direção de Laurence Olivier. A irmã de minha mãe também era atriz. Quando jovem, minha mãe estudava na França e vivia numa pensão bem em frente à casa dos meus avós paternos. Ela era de uma beleza imensa. Dizem que foi minha avó que a apresentou para o meu pai.

FP: Quem eram seus avós paternos?

AM: Eram judeus russos, que chegaram à França em 1925. Meu pai nasceu em 1908 em São Petersburgo. Infelizmente ele me falou pouco dessa época, assim como só me falou tardiamente, também, da minha origem judia. Me lembro, somente, que ele se escondia durante a guerra – eu nasci em 1939 em Boulogne-Billancourt – e nós nos refugiamos em Caudéran, perto de Bordeaux, onde ele exerceu as profissões mais diversas. Lembro de tê-lo visto chorar enquanto lia para minha mãe a carta que meus avós presos em Drancy tinham conseguido lhes mandar logo antes de serem deportados. Eles, que nunca quiseram usar a estrela amarela, haviam hospedado uma menina que a usava! Acabaram sendo denunciados pelo zelador. Um dia, bem mais tarde, pedi que meu pai falasse dessa carta. Foi uma frase, sobretudo, que o fez se debulhar em lágrimas: "Se você nos visse, hoje, teria orgulho de nós..." Eu era muito pequena e não compreendia muita coisa. Os bombardeios para mim eram terríveis e magníficos fogos de artifício que nós íamos ver no jardim, porque meus pais não queriam descer para o porão. Eles prefeririam morrer ao ar livre!

FP: Qual foi a sua reação quando você descobriu sua origem judia?

AM: Fiquei espantada de não terem me contado antes. Eu fui educada muito livremente nesse assunto. Não se falava nunca sobre religião lá em casa, mas, mesmo assim, minha mãe me fazia rezar antes de dormir, quando eu era pequena. Lembro que, sem saber nada das minhas raízes, morria de vontade de ir à missa. Pelo ritual. Mas, no fundo, eu fico contente de não ter sido educada numa família muito tradicional. Isso poderia ter sido tão excludente, tão "enclausurante", enquanto tudo que eu gosto na vida é aberto. Quando eu soube, com vinte anos, que meu pai era judeu, perguntei: "Mas você estava escondendo isso de mim ou o quê?" Ele respondeu: "Eu não achava que isso fosse importante." Não era importante? Por que é então que meus avós teriam sido deportados? Eu pensei, durante toda a minha infância, que fosse porque eles eram russos. Na escola eu era uma antirracista violenta, era ardentemente anti-antissemita, sem sequer saber que eu mesma era metade judia. E eu não tinha, nem tenho, até hoje, nenhuma cultura judia. O único problema é que, agora, basta um judeu fazer alguma coisa errada ou fazerem alguma coisa errada a um judeu para eu me sentir judia. Ou seja, quase o tempo todo.

FP: Logo, você se sente rasgada ao meio.

AM: É uma palavra um pouco forte. Eu prefiro dizer que fico furiosa quando vejo a loucura da direita e dos colonos israelenses em relação aos palestinos, e vice-versa. E o que isso provoca em nós, nas escolas, nas faculdades. Até então nunca tinha tido a necessidade de lembrar que meu pai era judeu, que eu era metade judia. Agora, sempre lembro disso, por exemplo, nos debates com estudantes.

FP: E o lado inglês da sua mãe?

AM: Eu ficava fascinada, quando pequena, pelas histórias que minha mãe me contava: essas lendas cheias de fadas, onde existia essa relação maravilhosa, animista, com a natureza, uma espécie de cultura xamânica. Os druidas ainda estão lá, os cavaleiros da Távola Redonda... Eu acho que minha mãe acreditava em fadas. Apesar da guerra, minha pequena infância foi muito feliz.

FP: E sua infância?

AM: Quando voltamos a Paris com meu pai, em 1947, comecei a acompanhá-lo nas filmagens. Lembro-me especialmente da filmagem de *A águia de duas cabeças*, de Jean Cocteau. Eu tinha oito anos. Fiquei maravilhada com a última cena, em que Edwige Feuillère, majestosa, cai de costas escada abaixo e morre. A atmosfera era tão excitante, tão alegre. Tudo me parecia tão brilhante!

FP: Como era o seu pai, na época?

AM: Ao mesmo tempo forte e ingênuo. Sempre muito afetuoso com aqueles de quem ele gostava e, no trabalho, atencioso com todos. E engraçado, muito engraçado, com seu sotaque russo que ele nunca perdeu. Ele era amado, respeitado. Tinha uma energia colossal. Não perdia um dia de filmagem, era sempre o primeiro a chegar ao *set*, o último a sair... Ficava de olho em tudo, sabia de tudo. Dos figurinos ao cenário, passando pela cozinha ou a faxina do *set*. Ele amava de verdade o cinema. E não só o dinheiro do cinema.

FP: Um trabalhador obstinado que te legou sua energia?

AM: Tê-lo visto trabalhar certamente me serviu de exemplo. Mesmo que eu tenha brigado muito com ele. Mesmo que o tenha censurado pela escolha de filmes que eu julgava muito comerciais. Ele me respondia, um pouco chateado: "Mas foram os filmes de que você não gosta que te alimentaram!" Meu pai era o próprio imigrante russo: tinha uma mistura de loucura com total conformismo. Mas ele se divertia tanto fazendo filmes de aventura, indo gravar no Himalaia! Hoje, acho a minha censura fútil. Nós brigávamos por tudo só porque nos amávamos muito. Em 1981, ele me anunciou orgulhosamente que ia votar no François Mitterrand. Era a primeira vez: "Eu estou fazendo isso por você. Eu tenho certeza, no entanto, de que vai ser uma catástrofe. Só voto nele por você!" Ele morreu em 1993. Dez anos antes, depois do seu primeiro aneurisma, nós paramos de brigar; eu tinha medo de que nossas discussões, sempre calorosas, pusessem em risco a sua saúde. No entanto, acho que tanto ele quanto eu sentíamos falta daquela época das nossas brigas, que ele sempre terminava com uma evasiva humorística ou me lembrando que, de todo jeito, eu era maluca!

FP: De qual filmagem você mais participou?

AM: Das filmagens de *As aventuras de Fanfan La Tulipe*, de Christian-Jaque, em 1951, com Gérard Philipe. Eu saía com meu pai às cinco horas da manhã, ajudava a dar banho nos cavalos, metia o nariz em todos os cantos; aliás, enchia a paciência de todo mundo, levava bronca. Mas eu estava maravilhada, tinha a impressão de estar num navio no meio do oceano. Fascinavam-me igualmente os técnicos, os dublês – aqueles que *faziam* – e os atores, que, para mim, viviam numa espécie de Olimpo, entre os deuses. Eu não tinha vontade de viver no Olimpo! A verdadeira aventura era do lado da técnica, me sentia bem mais próxima desses artesãos que tornavam o milagre possível. Adorava ajudar a instalar os trilhos para o *travelling*, empurrar um caminhão na lama, preparar as cenas de ação, os cavalos.

FP: Foi o contato com esse meio que te despertou a vontade de fazer cinema e teatro?

AM: Isso foi muito antes de eu pensar em fazer teatro. Mas ali eu já sabia que não queria trabalhar com cinema, embora adorasse o cinema.

FP: Por que essa recusa?

AM: Esse universo, brilhante, seguro de si, e que se achava tão acima da ralé, me apavorava. Eu sentia que poderia me perder nele.

Na verdade, estava procurando minha ilha. Não queria o mundo como ele era. Queria um lugar onde o mundo se transformasse ou fosse transformável. Nesse momento, felizmente, encontrei o poeta Henri Bachau. Na época ele era professor, e quando meus pais se divorciaram puseram minha irmã como interna em sua escola. Ele me olhou como ninguém nunca tinha feito, se interessou por mim. Nós ficamos muito amigos. Ele percebeu a que ponto eu era insegura e provavelmente me salvou, me impedindo de degringolar numa rebeldia estéril: "Você quer transformar o mundo? Então transforma."

FP: Você fez psicanálise com ele? Porque ele é psicanalista, também.

AM: Não. Foi só mais tarde que ele virou psicanalista. Mas me levou para a análise, de fato, e eu cheguei a fazer uma, com dezoito, dezenove anos, um pouco selvagem, com uma mulher extraordinária, Blanche Jouve, que já era uma senhora, que havia conhecido Freud e trabalhado com Charcot, e que era uma psicanalista que não tinha nada a ver com os psicanalistas. Foi um momento de reconquista.

FP: E quando veio a decisão de fazer teatro?

AM: Depois do *bac* (exame de conclusão do ensino médio, na França), fui para a Inglaterra passar um ano na universidade de Oxford. Lá, havia uma enorme atividade de teatro amador. Jovens estudantes davam seus primeiros passos como diretores, como John MacGrath ou Ken Loach, que estava se formando naquele ano. Logo, eu fui assistente de três espetáculos montados, um por Anthony Page, *Coriolano*, de Shakespeare, outro por John MacGrath,

Bloomsday, a partir de James Joyce, e de um pequeno espetáculo montado por Ken Loach, em que eu atuava. E eis que uma noite, sob uma chuva muito inglesa, subindo no ônibus depois de um ensaio de *Coriolano*, em que eu estava também em meio aos figurantes, senti uma espécie de flechada, como quando a gente se apaixona. "Pronto, é isso! É isso a minha vida, pensei, esse jogo coletivo, todos subirem num navio que parte para bem, bem longe, em busca de terras lendárias e intactas." Foi uma espécie de revelação. Eu queria viver isso o tempo todo, todos os dias, até a minha morte!

Que sorte eu tive, pensando hoje, de ter essa certeza desde cedo. Eu tive tantas hesitações com relação a tantas coisas, mais tarde, mas nunca mais tive dúvidas sobre essa vocação. Nunca. A flechada que senti naquela noite, eu sinto todo santo dia.

FP: Nunca teve dúvidas? Nunca se arrependeu, por exemplo, de não ter feito cinema?

AM: Eu sabia o suficiente sobre cinema para compreender que era preciso muito dinheiro para conseguir filmar, não bastava um bando de amigos que trabalhassem juntos. E queria ter companheiros, queria poder escolher meus companheiros e não entrar num sistema.

FP: Você não gosta da solidão?

AM: Existem dois tipos de solidão. A boa e a má. Quando tenho a impressão de estar só, é por fraqueza ou vaidade. É quando estou muito obcecada por um projeto, muito inquieta, e esqueço que muitos estão defendendo o projeto comigo. Tenho muito amor à minha volta. Se fiquei sozinha, quando fiquei sozinha, foi porque mereci.

FP: Você voltou da Inglaterra em 1958...

AM: Eu fiz um pouco de psicologia na Sorbonne, fui a alguns cursos, mas me entediei terrivelmente. Em 1959, fundei a Associação Teatral dos Estudantes de Paris (ATEP) com Martine Franck, o pintor e escritor Pierre Skira, entre outros. Pedimos uma sala para ensaiar. E, primeiro milagre, os primeiros fundadores do Soleil entram na ATEP: Jean-Claude Penchenat, Philippe Léotard, Jean-Pierre Tailhade, Gérard Hardy, Myrrha Donzenac... Finalmente, tive a sensação de estar no caminho certo!

Nós não sabíamos nada. Não duvidávamos de nada. Nosso objetivo era dar aos estudantes uma formação teatral e montar espetáculos. Nos tornamos um pouco os rivais do Théâtre Antique de la Sorbonne.* Na época, eu me limitava às tarefas administrativas, não falava para ninguém da minha experiência em Oxford e ninguém suspeitava que eu tivesse vontade de dirigir. Para o meu pai tive de dizer que tinha parado de estudar. E ele continuou me sustentando, confiando em mim, sem se desesperar. Ou, pelo menos, sem mostrar desespero.

FP: Como nasceu o seu primeiro espetáculo?

AM: Henri Bachau tinha escrito uma peça, *Gengis Khan*. Ele aceitou dá-la para nós. E eu a montei. Eu já tinha apreciado a Ópera de Pequim no Théâtre des Nations e já me inspirava um pouco no teatro chinês. Eu não sabia nada, na época. Apenas tentava ser meticulosa e organizada.

Nossos figurinos eram feitos com restos de cobertas militares que nós tínhamos conseguido de graça no Secours Populaire (associação beneficente de doações). Testávamos o movimento dos estandartes ao vento em plena rua Soufflot, no sábado ou no domingo! Os carros que desviassem de nós! O espetáculo teve dez apresentações nas Arenas de Lutèce, no Quartier Latin, em junho de 1961, mas apesar de uma (única) crítica muito boa de Henri Rabine no jornal *La Croix*, nós tivemos um público composto sobretudo por mendigos, que pareciam apreciar o espetáculo. Lembro que Jean Paulhan passou por lá, um dia, só para cumprimentar Henri Bachau.

* O grupo de Teatro Antigo da Sorbonne foi criado em 1935 por Roland Barthes e Jacques Veil. Formado por professores e alunos, o grupo durou trinta anos e montou somente peças da Antiguidade.

FP: Qual era o clima da companhia?

AM: Afetivo, alegre, desorganizado, muito emotivo. Nós passávamos o tempo todo rindo ou chorando. A partir desse momento, começamos a sonhar em fundar uma companhia profissional. Mas não antes que cada um tivesse terminado o que tinha para fazer, porque nós queríamos que a entrega de cada um fosse total. Nos demos dois anos para ficarmos prontos. Eu tinha um sonho de infância: a China. Era para mim o reino da beleza, da aventura, do mistério. Para juntar o dinheiro necessário, trabalhei para o meu pai na elaboração do roteiro de *O homem do rio* e parti, sem fazer ideia de quanto essa viagem seria iniciática.

FP: Você ouviu, na infância, muitos relatos de viagem?

AM: Sim. Minha tia Galina, a irmã tão querida do meu pai, sempre me contava uma viagem imensa que os dois tinham feito, de trem, durante dois anos, quando ainda eram crianças, durante a revolução. Era naquele famoso trem que tinha sido tomado dos bolcheviques pelo Exército Branco e que atravessava a Sibéria. Uma noite, o trem parou. Nevava. A luz das fogueiras dos soldados tchecos no interior dos vagões iluminava toda a paisagem em volta. E eis que aparece um cortejo de trenós deslizando sobre o gelo. Soldados com rostos asiáticos sentados um em frente ao outro, cobertos com imensos mantos dourados. No trem, todos olhavam para eles. Só se ouvia o barulho dos cascos dos cavalos na neve. E aos poucos meu pai e sua irmã perceberam que eles estavam todos mortos! Gelados! Um batalhão inteiro. Eles haviam se protegido do melhor jeito possível com os hábitos do monastério que tinham pilhado, mas mesmo assim congelaram durante a noite. Só os cavalinhos continuavam trotando. Até a morte. Meu pai estava na janela, vendo tudo. Acho que essa visão ficou gravada nele, e depois em mim, para sempre. A revolução. A guerra. O Apocalipse. O mistério daqueles rostos asiáticos. Por que asiáticos?

QUARTO ENCONTRO

a grande viagem

CARTOUCHERIE
sexta-feira, 29 de novembro de 2002, 8h45

Um cheiro bom e quente de café na manhã fria e cinzenta. Pela primeira vez reparo, entrando apressada na cozinha, a bandeira francesa tremulando no frontão do teatro. Uma pilha de panelas vazias para mais tarde preparar o almoço. Todos estão prontos para a guerra. Alguns dormiram ali. Ao lado, na sala de jantar de bancos gigantes e longuíssimas mesas de madeira escura – o ritual da refeição é essencial no Soleil –, alguns comediantes agasalhados até o pescoço olham com atenção livros de fotos, identificam rostos, silhuetas, observam os detalhes, conversam calmamente. Discutem as minúcias de seus personagens, a maquiagem. Com os cabelos revoltos, Ariane Mnouchkine se junta a eles, falando baixo, dá alguns conselhos. Olha para mim. Pede que eu espere um pouco. Para trabalhar até mais tarde e começar mais cedo, Ariane também dormiu ali mesmo. Já virou um hábito.

ARIANE MNOUCHKINE: Eu tinha ganhado um dinheirinho participando do roteiro de um filme produzido por meu pai, *O homem do rio*, de Philippe de Broca, com Jean-Paul Belmondo. Isso foi em 1963. Eu sabia que se não partisse naquele momento, não teria mais tempo, nunca mais teria esse tempo. Era para ser uma viagem de seis meses. E durou quase quinze. Primeiro, peguei o barco de Marselha a Yokohama. Meu barco se chamava *Le Cambodge*, da Messageries Maritimes (correio marítimo francês). Eu queria ir para a China, mas não consegui o visto. Não tem problema, disse a mim mesma, começo pelo Japão, lá peço meu visto para a China. Fiquei cinco meses e meio no Japão, e quando pedi o visto de novo negaram mais uma vez. Tudo bem, peço de novo em Hong Kong... Em cada país, eu pedia um visto para a China, e não conseguia. Dei a volta na China sem conseguir entrar. Na época, muito poucas pessoas iam para a China, e quando iam era com excursões que custavam caro. Eu não tinha dinheiro suficiente, e de qualquer maneira não queria saber de excursões. Tinha a pretensão de ir para a China como se vai para qualquer outro lugar.

FABIENNE PASCAUD: Então você não foi à China?

AM: Não. E provavelmente nunca irei. Eu boicoto a China, por causa da ocupação do Tibete. É, eu sei, é risível, mas é assim. No entanto, vou a Taiwan. Sempre que posso. Gosto tanto das pessoas de lá!

FP: Por que a China te fascinava tanto?

AM: Ir à China significava ir a uma China interior. Eu precisava de ruptura. Precisava ir para longe, inverter o curso do rio, do tempo, do espaço, para me encontrar. Precisava de aventura. Mas acho que ir à China significava também, já naquela época, ir ao teatro.

FP: O que você fez durante os cinco meses no Japão?

AM: Comecei dando aulas de inglês. Sabia que era o único lugar onde eu poderia trabalhar e ganhar um pouco de dinheiro para continuar a viagem. Enfrentei alguns momentos de solidão. No entanto, tinha decidido iniciar esse périplo sozinha. Só devia encontrar, em algumas etapas, minha grande amiga Martine Franck, que ainda não era fotógrafa e viajava com os pais. Eu não estava fazendo uma viagem de estudos: para mim, aquilo era um autêntico mochilão. Não sabia o que me esperava. Via tanto as cidades quanto os vilarejos, tanto os monumentos e os templos quanto os lagos sagrados e as pessoas. E, às vezes, não via nada. Simplesmente existia. Longe de casa.

FP: Como foi que você "encontrou" o teatro?

AM: Antes de chegar em Yokohama, o barco fazia uma escala de uma noite em Kobe. Acho que tinha ouvido em algum lugar que ali tinha um nô muito famoso. Com dois ou três jovens que estavam a bordo, saltamos do barco e fomos ver uma apresentação de teatro nô que estava acontecendo, e que acontece até hoje, cuja única iluminação é feita com enormes fogueiras, que me pareceram, cada uma, do tamanho de uma casa, dispostas nos quatro cantos do espaço cênico. Subi no alto de uma árvore, como muita gente estava fazendo, para ver. Não tinha cadeiras, nada. Qual era a história? Qual era o nô, precisamente? Sou incapaz de dizer. Mas para mim foi um milagre. Tive a impressão de descobrir não só o teatro, mas o mundo antigo. Um mundo sóbrio, radical.

Pouco a pouco, fui sendo atraída, conquistada e convencida pela simplicidade de alguns lugares, de alguns objetos. No Japão, não existe nada que seja "demais". É inclusive a assinatura do Japão: uma arte sem excessos. Mais tarde, em Tóquio, numa sala um pouco maior do que a nossa sala de jantar, vi um jovem e obscuro ator do bairro de Asakusa, que na época ainda era um bairro diabólico, de muita boemia. Esse ator, que não deixou nenhum nome para a posteridade, representava uma batalha inteira sem nada. Só um grande tambor e seus olhos. E eu via e entendia tudo. Não havia a tal barreira da língua. A epopeia estava lá: miserável e universal. Era esse o teatro que eu queria. Eu devo muito a esse obscuro ator japonês. Não sei sequer o seu nome, mas consegui encontrar seu minúsculo teatro na última vez que fui a Tóquio. O teatro continua miserável, mas continua funcionando. Já o ator, não está mais lá. O que terá acontecido com ele?

FP: Foi no Japão que você encontrou a inspiração – futura – para a encenação do *Ricardo II*, de Shakespeare?

AM: Eu vagava muito pelos teatros, mas não entendia muito do que via. Até que um dia eu entrei numa sala de kabuki[5]. Não era Shakespeare, mas eu via Shakespeare! Bem mais tarde, dezoito anos mais tarde, propus essa forma para o *Ricardo II*. Esse formalismo japonês, no começo, nos enrijecia um pouco, nos impedia de nos movimentar. Com *Henrique IV*, ao contrário, o kabuki foi a ferramenta perfeita. Nós o utilizamos com mais liberdade. Acho que o espetáculo ficou melhor.

FP: Como os atores do Théâtre du Soleil adotaram, na época, uma forma que eles nunca tinham visto?

AM: Em grande parte com a imaginação! Vocês conhecem aquela pergunta mágica: "E se nós fôssemos uma trupe japonesa?" Imediatamente, isso quer dizer que não seremos mais nós mesmos. E isso é a flor do teatro: a felicidade de não ser mais você, de deixar vir o outro, o desconhecido. "Parece até que é de verdade!" Certas frases da infância nos são indispensáveis.

FP: Onde você viu, em seguida, esse teatro chinês que te alimentou – junto com a *commedia dell'arte* – para criar *A era de ouro*?

AM: Em Bangcoc! Erguidas nas duas pontas de uma grande praça com uma multidão no meio – tem poucas praças nessa cidade, talvez fosse um estacionamento –, duas companhias tradicionais chinesas faziam um duelo: elas tentavam atrair o maior número de espectadores possível interpretando o mais alto possível, o mais exagerado possível. Era extraordinário. A multidão passava de um palco para outro. Um tempinho morto e, opa!, iam para o outro lado ver a outra companhia. O outro começava a ter uma barriga? Voltavam para o palco anterior.

FP: E o que é que eles encenavam?

AM: Uma epopeia, claramente conhecida por todo o público. Na época, eu tirava fotos. Aí subi no palco, porque eles deixavam as pessoas subirem no palco, e, de repente, escutei, em francês: "Ah! Essa mulher tá enchendo o saco! Que que ela tá fazendo aqui?" Voltei-me para ver quem era, chateada. Era Louis Malle rodando um documentário.* E eu estava o tempo todo em quadro! Depois disso, parti para o Camboja. E quase fiquei por lá.

FP: Por quê?

AM: Em 1963, ainda era o paraíso. Já tinha ocorrido mais de uma ameaça de guerra, mas Sihanouk** ainda segurava a barra. E as pessoas viviam com tanta doçura! Em dezembro, cheguei a Calcutá. Momento de pavor. Ainda havia por lá uma escassez tremenda, muita fome, bebês morrendo pelas calçadas. Eu não conseguia superar meu medo e suportar o insuportável. Fugi para o Nepal, onde passei um tempo vagando pelo país a pé. Nós encontramos tibetanos fugindo e vendendo coisas. Pensei um pouco melhor. Eu não devia fugir da Índia. Então voltei, com mais calma e tranquilidade. E virou meu segundo país.

FP: Por quê?

AM: Eu não poderia viver na Índia, a miséria ainda é muito terrível, mas a Índia é para mim como uma "terra anterior", um dos meus países de antes. Eu vivi lá uma outra vida, acho. Um dia, subi para

---

* Curta-metragem *Bons baisers de Bangkok* [Bons beijos de Bangcoc], 1964.
** Norodom Sihanouk governou o Camboja de 1941 a 1970 e de 1993 a 2004.

o ônibus, uma mulher disse alguma coisa e todos os passageiros começaram a rir. Eu não estava entendendo por quê. Me mostraram o cobrador. Nós nos olhamos: podíamos ser irmãos! Éramos idênticos. Dois gêmeos!

Na Índia, eu gosto da terra, das artes, do fervor de viver, da arquitetura, da imensidão, dos excessos. Porque não sou nem um pouco um ser austero. Eu não gosto nada da austeridade. Ainda que me sinta cada vez mais atraída pelo "menos" e menos atraída pelo "mais".

FP: Na Índia, você ia ao teatro?

AM: Lá, você não precisa ir ao teatro, o teatro vai até você. O teatro, lá, é um momento da vida, como a colheita, a vindima. Eu já tinha visto kathakali[6] no Théâtre des Nations[7]. É impressionante quanto o Théâtre des Nations revelou ao público parisiense e aos profissionais durante a sua breve existência, de 1954 a 1968. Mas ver os espetáculos nos locais onde nasceram era outra coisa! Eu me deixei levar por tudo o que via. Eu era uma espécie de esponja. E hoje fico muito feliz de ter sido assim! Sem saber, quase sem querer, fui juntando um tesouro que ia mudar toda a minha maneira de ver, e de viver.

FP: Em seguida você passou para o Paquistão?

AM: Atravessei o Paquistão, mas não fiquei muito tempo, porque senti muita agressividade. Sim, já na época. Atravessei o Afeganistão, em pleno inverno, no começo de 1964. Em Cabul fazia 40 graus negativos. Um reino de lendas, de seres lendários. Um esplendor. Nunca mais verei o Afeganistão da mesma forma. Nunca mais verei o Camboja da mesma forma. Naquela época – Martine estava comigo –, nós viajávamos sem nunca sentir medo. Pegávamos carona em carros, caminhões, ficávamos na casa de pessoas que nos convidavam, nos protegiam. O único lugar onde eu realmente senti uma apreensão, por acaso, foi em Teerã, de onde guardo uma lembrança ruim. E a Turquia. A Turquia também é uma lembrança ruim...

FP: Como você viaja?

AM: Observo as pessoas. Sento e olho as pessoas passando, durante horas. Pouco a pouco, começo a sentir aonde eu quero ir e o que quero ver. Uma viagem é isso, olhar, se alimentar dos encontros, aceitar os encontros, errar, dizer para si mesmo: "O que estou fazendo aqui, esperando um trem há três dias?" E, ao mesmo tempo, durante essa espera interminável nessa estaçãozinha de trem, numa fortaleza perdida no meio do nada na Índia, nessa solidão, por vezes extremamente penosa, é que podemos perceber a maneira como as pessoas se olham, comem, sentam, sobrevivem; os pequenos detalhes, a musicalidade dos gestos.

FP: Essa viagem foi essencial?

AM: É certamente o período da minha vida do qual eu me lembro melhor. Como uma nova pequena infância. De outras épocas, esqueço tantas coisas que são os outros que devem me contar. Às vezes, me pergunto sobre essa falta de memória, quando alguém me diz "Se lembra?" e não me lembro nem um pouco. Por quê? Será porque o teatro é a arte do tempo presente? Só podemos contar o passado, invocá-lo, evocá-lo, encarná-lo se o trouxermos para o presente mais absoluto. O teatro é aqui e agora. Na vida de uma companhia, mais ainda, é o presente de cada um a cada instante! Mas de tempos em tempos, eu me sinto culpada: "Como você pode ter se esquecido disso, logo você?"

FP: Tem espetáculos que você esqueceu?

AM: Todos e nenhum. Me lembro de alguns momentos de certos espetáculos. Ou melhor: de certos atores. Talvez seja de *Molière,* o filme, que eu me lembre menos, porque sei que aquilo está inscrito em algum lugar. O espetáculo do qual eu me lembro menos é *Mefisto, romance de uma carreira,* provavelmente porque foi um dos que me deixaram menos feliz. Nós poderíamos ter feito bem melhor.

FP: Como assim?

AM: Como escrevi o roteiro de *Molière*, achei que fosse começar a escrever para teatro. Eu tinha gostado muito de *Mefisto*, o romance de Klaus Mann. Mas foi um erro querer escrever eu mesma a adaptação. Eu não estava contente com o que fazia. Sou uma autora limitada como os atores, acho que sei encontrar as evidências teatrais, mas não escrever uma peça. É uma pena. Pelo menos compreendi o que é um verdadeiro dramaturgo, aquele que sabe que as palavras devem ser ações e não comentários.

FP: Voltando a essa viagem que você nunca esqueceu. Você tomava notas? Tirava fotos?

AM: Sim, tirava muitas fotos. E quando vejo, hoje em dia, as fotos que eu tirei, elas me parecem boas. Agora, não tiro mais. Hoje em dia, a foto me impede de olhar. Na época, ela me ajudava. Talvez porque ela me forçasse a parar, a me concentrar.

FP: O que ficou dessa jornada?

AM: Eu não viajava só no espaço, mas no tempo. Tinha esse privilégio extraordinário de estar em um momento na Idade Média, no outro na Renascença, às vezes até na Antiguidade. Encontrava pessoas que tinham simplicidades grandiosas, universos cheios de poesia no cotidiano e no que eles diziam, na maneira que me acolhiam. Tinha lá uma amplidão, uma beleza dos gestos, uma ritualização da vida cotidiana que me são indispensáveis.

FP: A ritualização do cotidiano te parece muito importante?

AM: Sim. Contanto que não se torne uma tradição opressora, cheia de proibições capazes de excluir um indivíduo ou uma coletividade, acho que ela pode ajudar a viver. Além do quê, o ritual é bonito. Quando os japoneses esperam a floração das cerejeiras como um presente dos céus e, durante dez dias, todos se voltam para a contemplação das árvores, é magnífico. No Japão, tem certos gestos, certas músicas, certos pratos, e até certos cheiros, que são feitos para um momento determinado. E tem quase uma festa por dia para celebrar um acontecimento ou um deus, uma planta, uma flor, uma chuva. Nós, na França, não celebramos mais muita coisa. Comemoramos, talvez, mas não celebramos mais. Diz-se que não vale a pena festejar uma vitória porque ela vai sempre ser seguida de uma derrota. Pois então! É justamente porque são tantas as derrotas que é preciso celebrar as vitórias. Mesmo as menores. E o teatro é um dos últimos lugares de celebração. Ele é, por si só, uma vitória.

FP: Nunca um lugar de fuga?

AM: De modo algum! Se toda arte é um refúgio, uma fortaleza contra a feiura, a burrice, a barbárie, o teatro continua sendo um combate. Não é porque achamos um lugar bonito, um pouco protegido, que o combate pode parar.

FP: Sua consciência política foi forjada durante a viagem?

AM: Não exatamente. Durante esses longos meses, encontrei jovens que estavam na estrada como eu e que, como eu, estavam na aurora das suas vidas. Nós falávamos dos nossos sonhos, do futuro que, apesar da Guerra do Vietnã que nos rondava, só podia ser deslumbrante e fraternal. Mas não entendíamos exatamente o que estava acontecendo. No Afeganistão, eu entendi que os russos não estavam longe porque consegui me comunicar com o pouco de russo que sabia. Mas preciso confessar que no Camboja – era tão lindo! – não pressenti o que ia acontecer dez anos depois, com os Khmers vermelhos. Pouca gente pressentia.

FP: Com o distanciamento, você pode medir a importância desse périplo na sua formação como diretora? E, finalmente, por que a Ásia? Por que partir para lá, de forma tão obstinada? Por causa da importância capital, talvez, que o teatro oriental possa ter tido sobre os grandes homens de teatro, como Jacques Copeau e Antonin

Artaud[8], que escreveram a esse respeito textos fundamentais? Mas você já os tinha lido, na época?

AM: Não fui para o Oriente porque tinha lido Copeau. Li Copeau porque estava voltando do Oriente. Estava fascinada pela simplicidade radical de alguns lugares. Por exemplo, o teatro nô[9] tem a mesma fachada de um templo. Aliás, se olharmos para uma planta do Globe ao lado da planta de um teatro nô, percebemos quanto eles se parecem! O Globe Theatre de William Shakespeare é como o pátio de uma antiga estalagem. Há o mesmo terracinho na frente da galeria do Globe e na frente da galeria do teatro nô. Na Índia, na menor pracinha, quatro bambus e um teto sarapintado compõem o teatrinho mais bonito do mundo.

FP: Quando você decidiu voltar?

AM: Para começar, acabou o dinheiro. Meu pai pedia que eu voltasse. E eu sentia, finalmente, que já tinha me impregnado o bastante, que era preciso começar a agir. Nessas viagens, somos levados pelo vento, e isso é muito bom, mas tem uma hora em que nos deixamos levar demais. E, bom, estava na hora do Théâtre du Soleil.

FP: Na sua volta, seu pai te botou novamente para trabalhar com roteiros para ganhar um dinheirinho?

AM: Não. Depois da viagem, ele simplesmente me sustentou. Eu não fui obrigada a ter meu próprio ganha-pão logo de cara. Graças a ele, pude cuidar do espetáculo enquanto os outros trabalhavam durante o dia. E quando eles chegavam, nós ensaiávamos.

FP: Ele te sustentou até quando?

AM: Até *A cozinha*. E, mesmo depois, ele nunca me deixou nem chegar perto de sentir fome. Ele foi um pai e tanto.

QUINTO ENCONTRO

trabalhando no espetáculo

CARTOUCHERIE
sábado, 14 de dezembro de 2002, 20h30

Ariane Mnouchkine me trouxe para o sofá de uma bela e grande sala que lhe serve de biblioteca, escritório e de quarto, quando é preciso. Sobre as estantes, alguns objetos da Ásia e alguns livros de arte. O acesso a esse esconderijo se dá por uma pequena escada à esquerda de um grande *hall* que agora está vazio, mas que costuma estar repleto de espectadores. Ariane Mnouchkine tem vista sobre tudo do alto daquela escada. Espero por ela. Os ensaios se tornam urgentes. No entanto, o espetáculo, batizado recentemente de *O último caravançarai* foi novamente adiado por algumas semanas. É importante que ele fique realmente bonito e pronto. Dentro de um cesto de vime, dorme um bebê. Sua mãe, atriz, vem constantemente dar uma conferida. Ariane Mnouchkine sobe, enfim, carregando uma bandeja com nossas deliciosas refeições. Ela parece cansada, mas resignada com a entrevista. Incomoda-me estar exaurindo-a ainda mais. Já é tarde.

FABIENNE PASCAUD: Por que, hoje, montar um espetáculo sobre os refugiados?

ARIANE MNOUCHKINE: É um dos graves sintomas da doença do nosso século. E a maneira como a nossa sociedade (europeia) responderá a isso vai determinar a nossa história. Essa sociedade escolherá ser vergonhosa ou humana?

O último caravançarai é um espetáculo histórico, como sempre no Soleil. Às vezes nós montamos um clássico, às vezes montamos um espetáculo sobre um evento contemporâneo à maneira antiga, como em *Tambores no dique*, de Hélène Cixous, às vezes é um espetáculo no presente, como é o caso desse, ou como era *E de repente, noites em claro*. Isso proporciona uma espécie de alternância.

FP: Para a companhia ou para o público?

AM: Para todo mundo. É sempre preciso voltar a Shakespeare, a Ésquilo, ou, com Hélène Cixous, a uma forma radicalmente teatral, extremamente transposta, para nos alimentar e, como sempre, nos impedir de afundar no realismo. O realismo: eis o inimigo.

FP: Por quê?

AM: Porque, por definição, o teatro, a arte, é transposição ou transfiguração! Um pintor faz uma pintura de uma maçã, e não uma maçã. Ele faz surgir a maçã. É uma aparição. A cena é um espaço de aparições.

FP: Mesmo rejeitando o realismo em *O último caravançarai*, você parte de uma verdade geográfica, histórica, política?

AM: Rejeitar o realismo não é rejeitar a realidade! Há um curdo, uma iraniana, alguns iranianos, afegãos, um russo, alguns australianos e franceses entre nós! O mundo nos dá pontos de referência. E, no mais, tem as fotos. Esse imenso universo de repórteres, de grandes fotógrafos, que eu deveria homenagear com mais frequência. Os cronistas do olhar. Shakespeare tinha Holinshed ou Plutarco; nós temos [Henri] Cartier-Bresson ou [Sebastião] Salgado ou Abbas ou Ahmet Sel e outros. Um ator pega uma foto e diz: "Vou fazer um refugiado afegão, olha, esse aqui, eu vou tentar compreendê-lo." E, a partir do rosto do refugiado, ele pretende chegar à sua alma. Mas, às vezes, não consegue nem chegar ao rosto!

FP: Então é um trabalho sobre a realidade para, depois disso, fugir dela?

AM: É. Sobre a verdade. Os atores trabalham com a verdade.

FP: Você disse que todos os espetáculos do Soleil são espetáculos "históricos".

AM: O grande teatro nos conta que toda história de amor, todo encontro, todo crime, toda covardia, toda traição, toda magnanimidade, toda escolha, boa ou ruim, pertence à história geral do mundo, e contribui para ela. Todos os nossos gestos fazem a história. A grande e a pequena. Por isso mantenho distância daqueles autores modernos que parecem indiferentes à história do mundo.

FP: O teatro é, também, uma forma de lutar contra a história?

AM: A arte luta contra a barbárie? Ou ela é totalmente impotente? Prefiro acreditar que a arte é também uma arma. De qualquer forma, a maneira mais garantida de se perder uma batalha é não levá-la adiante, como diria Václav Havel.

FP: O excelente resultado de Jean-Marie Le Pen no primeiro turno das eleições presidenciais de 21 de abril de 2002 fez os artistas e intelectuais duvidarem de sua influência...

AM: A dúvida é a própria essência da arte e da prática intelectual, e não só nos dias de catástrofe. No entanto, ainda que seja verdade que nós, artistas, não tínhamos o que comemorar, não me senti obrigada a me penitenciar! A responsabilidade dos homens e mulheres políticos e midiáticos é gigantesca.

Eu confesso, na época fiquei furiosa. Jospin fez uma campanha tosca e sua partida, supostamente tão digna, foi escandalosa. Não só ele estragou tudo, como, ainda por cima, ficou de pirraça! Nem para varrer os destroços! Foi para a Sicília! Se ele é sincero e convicto, um político continua seu trabalho, mesmo se não for eleito. Desde que os militantes do seu partido não o desacreditem. Mas ele não estava desacreditado, só estava derrotado e magoado. Não se pede demissão da vida política porque se está magoado. Se Mitterrand tivesse feito isso, nunca sequer teríamos ouvido falar em Lionel Jospin. Não teria havido alternância.

FP: Estar à escuta do mundo é algo essencial?

AM: Seria muito fácil se pudéssemos descer do trem da história, por mais infernal que ele possa ser. Mas o mundo é meu país, e sua história é a minha história. Toda a sua história, mesmo aquela que eu não conheço.

FP: Como *O último caravançarai* se articula com suas causas, como a dos imigrantes sem documentos em 1986, por exemplo?

AM: Refugiados e imigrantes sem documentos são duas coisas diferentes. Os sem documentos estavam aqui há muito tempo e, em sua maioria, tinham família, filhos, até um trabalho. E, de repente, por causa das leis xenófobas de Charles Pasqua, eles caíram na ilegalidade.* Há também os fugitivos que chegam, como chegavam antigamente os suplicantes, e que pedem asilo. Eles se deparam com critérios de admissão que não passam de critérios de exclusão. Eu mesma não sou uma adepta da abertura total de fronteiras. Não quero tiranos, não quero carrascos. Mas se nós defendêssemos melhor nossos próprios princípios, se nós defendêssemos, ardentemen-

* Em 1986, Charles Pasqua, ministro da Defesa, criou uma série de leis limitando a imigração.

te, sem medo, a laicidade, a igualdade dos homens e das mulheres, a igualdade no acesso à educação, à saúde, à moradia, à justiça, se nós defendêssemos com mais firmeza as leis da democracia, inclusive contra aqueles que sabem muito bem usar essas leis contra a própria democracia, em suma, perderíamos menos tempo defendendo nossas fronteiras. Tenho certeza de que os franceses seriam mais acolhedores se eles tivessem certeza de que ninguém, francês ou estrangeiro, pode transgredir esses princípios fundamentais, não negociáveis e transculturais.

FP: Qual é, para você, o princípio mais importante?

AM: Atualmente? A igualdade entre homens e mulheres. Sinto nojo quando vejo práticas inadmissíveis sendo toleradas. Vejo que, para as mulheres, em muitas áreas, o Estado francês não assume a sua missão protetora. Se uma menina muçulmana, ao chegar em casa, não tiver o direito de dizer "Papai, querido, eu até gostaria de usar o véu, mas ele foi proibido por lei", ela se verá obrigada a usá-lo. Se elas não tiverem uma lei só delas, a lei estará contra elas.

FP: O que você acha do comunitarismo?

AM: A palavra comunidade me inquieta. Ela é usada a torto e a direito: a comunidade judia, a comunidade muçulmana, a comunidade chinesa, a comunidade gay etc. Uma comunidade é algo caloroso, reconfortante, desde que não seja sinônimo de prisão, de exclusão, de separação. Quando chegamos a um país, guardamos uma memória, um tesouro, mas algumas renúncias são necessárias. Ainda que nós mesmos não percamos nunca o nosso sotaque, é preciso preparar nossos filhos para virarem cidadãos desse país. Bem, sou de origem russa, judia e inglesa, mas não vou começar a dizer por aí que eu sou da comunidade russa, judaica ou inglesa! Quanto tempo essa história vai durar? Quantas gerações? Sou cidadã francesa, europeia e mundial! Minhas origens são meu tesouro e não minhas grades.

FP: A ideia de *O último caravançarai* nasceu de uma vontade política?

AM: Sim e não. Nasceu de um desejo de teatro. Proponho sempre aos atores fazer o espetáculo que eu tenho vontade de ver. Se eles aceitam minha proposta, é pela mesma razão. Tive vontade de ver em cena as odisseias terríveis desses homens e mulheres que erram pelo planeta. A diferença é que esses Ulisses não estão voltando. Ao contrário, estão fugindo dos seus países, à procura de um lugar para viver. Eles atravessam florestas cheias de lobos, enchentes, são roubados. Eles se amam, se separam. Em Sangatte,* para minha surpresa, muitos me falavam de amor. De amores impossíveis, de jovens por quem eles se apaixonaram e com quem não puderam casar, de separação.

FP: Como você trabalhou?

AM: Eu fui várias vezes a Sangatte e outros campos de refugiados na Austrália, na Indonésia. Gravei umas cinquenta entrevistas com a ajuda de Shaghayegh Beheshti, uma jovem atriz do Soleil que fala e traduz admiravelmente o persa. Muitos refugiados falam persa; a maioria dos afegãos, dos curdos do Iraque, e muitos outros.

FP: Que tipo de lembranças você guarda de Sangatte, agora que o campo de refugiados fechou?

AM: Desde 1998, os imigrantes começaram a entrar na Inglaterra. Eles esperavam dois, três dias, antes de conseguir entrar, fosse por barco, por trem, ou por caminhões que sobem sobre barcos ou trens. Acampavam nos parques, nas praças de Calais. O prefeito abriu um galpão para eles. Mas esse galpão logo virou ponto de encontro dos contrabandistas que chegavam da Alemanha em enormes Merce-

* Campo de refugiados situado no norte da França que abrigava em sua maioria afegãos e iraquianos que tentavam passar ilegalmente da França para o Reino Unido através do túnel do canal da Mancha.

des. O prefeito não queria isso em Calais. O governador então reaproveitou um hangar em Sangatte, um pouco mais longe. A Cruz Vermelha chegou, instalou umas duchas, divisórias com camas, deu uma sopa para cada um. E deu uma ordem formal: atenção, não é para os refugiados se estabelecerem. O centro, que, no começo, abrigava por alguns dias de cem a duzentos "passageiros em trânsito", acabou hospedando entre mil e 2 mil residentes temporários, que prolongavam cada vez mais a estada, à medida que a entrada na Inglaterra se mostrava mais difícil e perigosa.

Mas o centro de Sangatte era um lugar humano, apesar de tudo que disseram dele. A Cruz Vermelha e os voluntários estavam sempre a postos, dia e noite. Eram oitenta para 2 mil pessoas. "A gente quer um pouquinho de xampu, um pedacinho de sabão, eu perdi minha escova de dentes... Mas eu já te dei três! É, mas roubaram... Preciso de aspirina... Estou com dor de cabeça... Estou deprimido... Quero um remédio... O que vai acontecer comigo? Cadê fulano? Onde tem telefone? Perdi meu cartão telefônico... Roubaram meus documentos... O que vai acontecer comigo? É a sexta vez que eu tento entrar... Um dia eu vou morrer por causa desse maldito trem. Me arranja aí uns sapatos."

FP: Você achou que o fechamento do campo foi uma boa solução?

AM: Graças a isso, 1.300 refugiados ficaram felizes de ir para a Inglaterra com passagem e documentos. Talvez tivessem mesmo que fechar Sangatte, sobretudo por causa da máfia dos contrabandistas que ali reinava. Mas certamente não desse jeito, *à la* Sarkozy, brutalmente, na ignorância, só para impor respeito. Aliás, como previsto, isso não resolveu nada. Nem sequer deram uma resposta àqueles que continuaram chegando. A França manda a polícia ficar na cola deles e não deixar nem que durmam. Vão dormir numa praia gelada e chega a polícia. Vão dormir num parque alagado e chega a polícia. O que deve ser feito? O que você acha que esse garoto recém-chegado vai fazer, ele, cuja família vendeu o pouco de terra que sobrava, gastando às vezes 12 mil dólares? Você faz ideia do que são 12 mil dólares para um afegão? Você acha que basta um PM francês gritar "Vaza!" para ele voltar para casa? Sem contar que, para muitos, voltar representa um perigo sério. Seja porque eles viviam numa área não protegida, seja porque são mulheres, seja porque estudaram, e querem estudar mais, e, de onde eles vêm, há anos que não têm meios de fazê-lo...

FP: Que solução você acha possível?

AM: Não sei. Mas ao menos temos que procurar uma solução! Uma verdadeira conferência internacional sobre as migrações, por exemplo. Não uma conspiração vergonhosa, apressada e irrisória para impedi-las. E se nós começássemos colocando-nos no lugar deles? É isso que o teatro quer fazer. A mídia sempre mostra essas pessoas como uma horda de caras barbudos, com os olhos brilhantes e dilatados. E de fato, se passávamos muito rápido por Sangatte, só víamos esses jovens barbudos, um pouco selvagens, um pouco assustadores. Mas se ficávamos por lá um pouco, eles começavam a falar com a gente. E aí descobríamos seres de todos os meios, de todos os tipos, dos seres mais grosseiros até os poetas. Todos eles têm um passado, uma vida. Todos eles são diferentes. Talvez não saibam muito bem onde fica Lyon, ou Marselha, mas sabem de tantas outras coisas... e será que todos nós sabemos onde fica Jalalabad? E há muitos canalhas também. É por isso que temos que fazer de tudo para que os canalhas não dominem os outros.

FP: Na volta da sua jornada nos campos de Sangatte, da Austrália e da Indonésia, você deu suas entrevistas gravadas para Hélène Cixous, para que ela imaginasse uma peça...

AM: Enquanto isso, nós começamos a improvisar. A improvisação passou então a tomar mais importância que o texto. E então tudo se misturou.

FP: Vocês improvisavam sobre que tema?

AM: As partidas. Como eu disse, tudo começou com um caminhão fabricado pelos atores, que prepararam suas primeiras improvisações em segredo. Eles queriam me surpreender. E me surpreenderam. Quase sempre surpreendem. Dessa vez, o espetáculo chegou muito rapidamente. Aqueles que ficam na beira da estrada, aqueles que sobem nos caminhões, aqueles que matam alguém porque não têm dinheiro para entrar no caminhão, a mãe que deixa o filho, o barqueiro que também é traficante de drogas... E logo inventaram um barco no Pacífico, uma casa numa cidade afegã, uma moto no deserto, uma cabine telefônica em Moscou, uma enfermaria de Sangatte. Uns dez atores chegaram a ir a Sangatte. Mas eu pedi que eles não fossem sempre, porque um ator deve transpor, não copiar.

FP: Desde quando você pratica essa técnica de improvisação?

AM: Desde 1965. Desde o nosso segundo espetáculo, *O capitão Fracasso*.

FP: Quais são as diretrizes que você dá no início de uma improvisação? Como achar, improvisando, uma situação correta e verdadeira?

AM: A situação deve sempre ser simples, clara, com detalhes concretos e uma ação precisa, em que o ator interpreta uma só coisa de cada vez, tomando o tempo de entrar num estado criativo sem se agitar nem querer dizer tudo o tempo todo, treinando e fortalecendo sua imaginação num corpo que seja o mais disponível, o mais atlético, o mais liberto possível. O ator deve antes de tudo escutar. Em seguida ele deve saber parar, ficar quieto, aceitar a imobilidade. Se não, como é que o espectador teria o tempo de reconhecer e de se reconhecer?

Mas o essencial para o ator é ainda mais simples. É estar no presente, renunciar a tudo que ele pode ter previsto para captar em cena tudo o que lhe acontece. No instante. Para o ator e seu personagem, existe uma vida anterior, mas não existe um passado psicológico e, nem um futuro previsível. Só mesmo o presente, o ato presente. O teatro é a arte do presente.

FP: Como é que se guarda uma improvisação?

AM: Hoje em dia, ela é filmada. Que progresso! Em 1975, na época de *A era de ouro*, só gravávamos o som. Então, tínhamos vestígios do texto, mas não das ações. Era terrível. Hoje em dia, uma vez filmada, fazemos uma primeira triagem. De oito horas de ensaio, guardamos uma hora, em geral. Eu assisto. Então retomamos os ensaios. A partir daí, temos que progredir. Os atores então assistem. A improvisação é o primeiro degrau.

FP: É aí que você intervém?

AM: É. É preciso que cada momento tenha um sentido. Mesmo que seja mais apertado no espetáculo, não se pode perder o ritmo típico da improvisação, que deixa tempo para as coisas acontecerem. Não se pode, sobretudo, perder esse ritmo.

FP: Quando você monta um clássico – Shakespeare, Molière ou Ésquilo –, você põe vários atores para trabalhar sobre um personagem, e em seguida escolhe o melhor. Não é cruel com eles?

AM: Cada um tenta. Todos têm a sua chance. Isso permite a alguns abordarem personagens que eles, *a priori*, não interpretariam. E a mim permite descobri-los de outra maneira, me faz ter, volta e meia, algumas surpresas. Muitas surpresas. Às vezes é evidente. Mas às vezes a hesitação é longa entre dois atores, logo a escolha é cruel. Às vezes, um ator que estava durante meses em estado de graça, de repente fica menos inspirado. Eu aceito isso. Esse sistema me parece o menos injusto. Afinal, como disse Brecht, os papéis pertencem àqueles que os tornam melhores.

FP: Isso quer dizer que você não distribui nenhum papel antes de começar os ensaios?

AM: Não. Nunca.

FP: Como nasce a forma de um espetáculo?

AM: Ao mesmo tempo que as improvisações. O trabalho se faz, de cara, através da interpretação. Não tem trabalho de mesa, durante semanas, como se faz muito por aí. Isso me chateia. O que não significa que eu não tento compreender o que estou fazendo, mas sim que nós tentamos compreender em cena. Desde o primeiro dia. A partir daí, eles arriscam todos os personagens, durante semanas.

FP: Quando a cena, enfim, te parece acertada?

AM: Uma emoção nasce. E nós temos que confiar nas nossas emoções, como disse Ingmar Bergman. De qualquer maneira, no que mais podemos nos fiar? Quando, de repente, tudo que se passa em cena me toca e revela ou acorda a realidade adormecida. A vida está aí. Além disso, não tem teatro quando só tem descrição, quando não há nada além do que estamos vendo: a cena deve contar mais do que isso. E ao mesmo tempo, evidentemente, é preciso que seja verdade. Então, como revelar teatralmente a verdade? Isso começa por um trabalho de documentação. O próprio Shakespeare se informava. A cena do torneio em *Ricardo II* retoma, palavra por palavra, o que contava o cronista Holinshed. Shakespeare o copiou! Porém, entrando no mistério da alma de cada um dos protagonistas. Ele não se contentou, como Holinshed, em dizer: aí estão os fatos, foi assim que aconteceu. Ele não disse, tampouco, o porquê de algo ter acontecido, o que Brecht, por sua vez, tenta fazer. Shakespeare introduziu a incerteza nas escolhas, nas paixões.

FP: Mas como é que ele consegue entrar, sem explicar nada, na alma do personagem?

AM: É uma pergunta impossível! Os atores é que respondem a essa pergunta, quando eles estão na marca certa, tendo à sua frente o espaço certo, quando lhes fazemos as perguntas certas, perguntas que eles não seriam capazes de responder quando estavam tomando um cafezinho na sala ao lado. Nesse momento do trabalho, a palavra que usamos é exatidão. A gente pensa nela, mas não a exigimos, ainda. O que eu peço, isso sim, é a verdade.

FP: O que significa ser exato no teatro?

AM: Não contar lorotas! Nem sobre a grande história, nem sobre a pequena, nem sobre nada. Mas se essa exigência for feita muito cedo no processo, se proibirmos muito cedo tudo o que for impreciso artisticamente, aí a gente inibe a todos. Em um dado momento, a exatidão se torna algo fértil, é um motor. É preciso sentir esse momento.

FP: Pode-se dizer que no Soleil os atores também são autores?

AM: Nesse espetáculo, com certeza. Desde *A era de ouro* nós não fazíamos um trabalho tão coletivo.

FP: O que quer dizer, de fato, "criação coletiva"?

AM: O trabalho coletivo não significa censura coletiva. Quando se discute uma ideia, é preciso evitar que ela seja combatida por três ou quatro antes mesmo de ser expressa até o fim. Isso é algo que já aprendemos a não fazer. Experimentamos algumas das ideias mais loucas. Nunca cortamos uma ideia pela raiz. Em seguida, é importante deixar progredir aqueles que estão progredindo, quer dizer, deixar aparecer os desbravadores, aqueles que eu chamo de "locomotivas". O trabalho coletivo pode ser tudo menos um trabalho igualitarista. Há aqueles que conduzem, que inventam de todos os pontos de vista, e aqueles que são menos experientes, ou estão menos em forma, que os seguem, mas que também são indispensáveis.

No Soleil, aprendemos a trabalhar sem vergonha com a imitação, como nos teatros orientais. Quando um ator faz uma proposta acertada, ninguém hesita em se inspirar nele, ou até em copiá-lo, se for para tornar o jogo ainda melhor. Dessa maneira, um ator-locomotiva pode abrir caminho para outro que progrediu menos e observá-lo durante todos os ensaios. Isso evita que os atores se agarrem à psicologia de um personagem e se contentem com o que vão achar dentro deles mesmos. Portanto, a imitação evolui, assim como a exigência. Para cada um, trata-se de elevar o padrão a cada dia que passa.

Cada um traz o que é capaz de trazer. O muito de alguns, o muito pouco de outros. Sem modéstia, acho que isso é o que eu chamaria de uma aquisição do Soleil. O resto ainda é uma página em branco.

FP: Essa ciência do trabalho coletivo foi difícil de adotar?

AM: Foi. Aliás, não é porque a Hélène se afastou da dramaturgia para *O último caravançarai* que o próximo espetáculo não vai ser um texto dela, ou um texto antigo. De repente, um espetáculo se impõe, é alguma coisa que me escolhe, mais do que eu escolho...

FP: Nesse trabalho tão coletivo, qual é o seu papel?

AM: *O último caranvaçarai* é o primeiro espetáculo do qual até a encenação é coletiva. De verdade. Eu dei um quadro, uma ferramenta: dei um princípio. O que é extraordinário, é que esse princípio foi trabalhado pelos atores com uma tal simplicidade, uma tal força, que a encenação se fez sozinha. Cada improvisação chegou até a mim já encenada. Não tinha muita coisa a dizer. Poderia ter me sentido frustrada. Mas nem um pouco, isso me encantou.

FP: Mas a sua personalidade, sua autoridade artística não seriam tão evidentes que, de qualquer maneira, você nem precisaria falar para dirigir?

AM: Não mesmo! Com esse espetáculo, isso é inegável, os atores tomaram, com a minha ajuda, a direção para si, sem brutalidade.

FP: Isso foi porque o assunto lhes dizia respeito?

AM: Porque eles se sentiram engajados, responsáveis. O espetáculo falava do mundo inteiro. Propus um jogo de construção e eles se aproveitaram do jogo magistralmente. Eles construíram.

FP: O que você fez, então, nesse espetáculo?

AM: Deixei o creme subir à superfície.

SEXTO ENCONTRO

influências

CARTOUCHERIE
sábado, primeiro de março de 2003, 20h

Passou um tempo desde o último encontro. Ariane Mnouchkine está em pleno período de ensaios, vivendo dia e noite na Cartoucherie, e não quis se distrair com entrevista alguma. Ela não estava com cabeça para isso. O espetáculo foi adiado mais uma vez, como de costume no Soleil. Ariane não diz a ninguém a data da nova estreia; só quer oferecer ao público o que ela acreditar que está no ponto. Nada fácil para se vender antecipado, calcular o orçamento. No grande escritório do primeiro andar, sentimos que o administrador, Pierre Salesne, e a relações-públicas, Liliana Andreone, estão em estado de alerta. Eles esperam a decisão. Ariane, hoje, se pergunta se as questões levantadas por *O último caravançarai*, sobre os refugiados, sobre o exílio, vão realmente interessar ao público. Será que ela não foi longe demais? Ela vai completar 64 anos daqui a dois dias, no dia três de março. E ostenta como uma adolescente rebelde o broche "Nem putas, nem submissas"* sobre seu moletom azul-bebê.

ARIANE MNOUCHKINE: No ano que vem, no dia 29 de maio, o Théâtre du Soleil vai completar quarenta anos... E eu, 65, alguns meses antes. A que e a quem devo essa chance extraordinária de não ser imediatamente jogada no lixo como a maioria dos cidadãos da minha idade? E não são poucos. Tenho um privilégio: posso escolher a data da minha partida. Mas, em um dado momento, não há uma obrigação moral em deixar o seu lugar? Como saber? É preciso escutar o que me dizem, ou não me dizem, as pessoas com quem trabalho. Há duas ou três semanas, desde que eu pronunciei o número 65, me faço essas perguntas. Mas do ponto de vista da força física, já faz alguns anos que eu não sou mais exemplar. Eu não descarrego mais os caminhões.

FABIENNE PASCAUD: Poucas mulheres descarregam caminhões!

AM: Claro que não! No Théâtre du Soleil, as mulheres descarregam caminhões, como todo mundo.

FP: Sim, mas elas têm 25, trinta anos!

AM: Sim, é disso que estou falando!

FP: É importante, para você, esse aniversário de quarenta anos do Soleil?

AM: É. A tal ponto que nós queríamos celebrar. Queríamos organizar um festival de dois meses que se chamaria: "Nossos mestres e nossos amigos." Nós convidaríamos todos os artistas, todas as linguagens que foram importantes para nós, tudo o que nos formou.

---

* O movimento "Ni putes ni soumises", no original, é uma associação feminista criada em 2003 que luta pelos direitos das mulheres das periferias francesas.

Teatro japonês, indiano, balinês, músicos e dançarinos coreanos, marionetistas chineses. Mas nós não temos dinheiro. Faremos isso, quem sabe, no nosso aniversário de 41 anos. Sabe quais companhias, nesse ano, fizeram quarenta anos? O Odin Théâtre do Eugenio Barba e a Taganka do Lyubimov.

FP: Existem pontos comuns entre a sua aventura e a de Eugenio Barba, que hoje tem 68 anos e se apaixonou, na Itália, e depois na Dinamarca, pelas diferentes técnicas de atuação? Ou entre a sua jornada e a de Yuri Lyubimov, em Moscou, já com 88 anos, mais centrado hoje em uma busca poético-política?

AM: Sim: a família, a companhia. Eu tenho muita admiração pelo Barba, de quem gosto de verdade, tanto como homem quanto como pesquisador. Respeito sua erudição teatral gigantesca, sua busca, sua independência. Ele sempre soube preservar ao seu redor uma espécie de pequena tribo. Lyubimov também soube fazê-lo, mesmo nos piores anos, sob Brejnev.

FP: E quanto àqueles que te influenciaram? Na sua arte, na sua prática? Em geral, você é mais sensível à imagem ou ao texto?

AM: Isso depende. Eu não sei.

FP: Os pintores já te emocionaram?

AM: Já. Aconteceu de eu chorar em frente a um quadro que só conhecia através de reproduções e que, finalmente, via ao vivo. Como todo mundo. No Prado, por exemplo, na sala dos Velásquez: os grandes retratos. Fiquei abismada. Quando eu entrei, os quadros se encarnaram. Tudo me veio junto: a música, a guerra, o sofrimento da época, o indivíduo, o tempo, a coragem do pintor, sim, a intrepidez, o poder da sua busca, do seu reino. Pois ele pintou muitos príncipes, mas o verdadeiro rei é ele, Velásquez. É ele que atravessa seus modelos. Ele é como Deus frente à sua criatura.

Fiquei transtornada com o caminho que Velásquez percorreu para chegar a mim. No entanto, quando observo uma pintura, confesso que é quase sempre em relação a nosso trabalho. A pintura ensina muito sobre o teatro, sobre a luz, os espaços, o enquadramento, o que o personagem vê mas nós não etc... Quanto à luz, por exemplo, um pintor nos ensina que não é preciso ter lógica. O pintor sabe que a pele não precisa estar sendo iluminada por uma fonte lógica de luz, que ela pode ser a própria fonte de luz. Ou uma roupa, como em Vermeer e em Rembrandt. Mas eu não sou crítica de artes plásticas. Não posso julgar a não ser pela emoção que eu sinto. Os grandes pintores são aqueles que transformam matéria em luz. Ou em espírito. Em Van Gogh, por exemplo, a massa de tinta vira matéria celeste. Sinto menos emoção em relação à pintura muito contemporânea.

FP: E a fotografia? Você trabalha muito com fotógrafos.

AM: Há fotos que não dizem nada: são as fotos que descrevem. E tem "a" foto, que é aquela que revela o olhar, a rivalidade, o perigo, a miséria total ou o esplendor. Olho sempre para a paixão que há numa foto: quem é o derrotado, quem é o vencedor, quem domina, quem está em perigo, quem vai morrer.

FP: Você teve romances fundadores?

AM: Tive. Primeiro, todos os da minha infância. *A família Robinson*, de um certo Johann David Wyss! Meu manual de leitura, o famoso *A volta da França por duas crianças*, de Augustine Fouillée. *Sem família*, de Hector Malot. *O capitão Fracasso*, de Théophile Gautier. *Madame Thérèse, O amigo Fritz, O recruta de Napoleão*, de Erckmann-Chatrian, *Vinte mil léguas submarinas, Viagem ao centro da Terra*, de Julio Verne, *Noventa e três, Os trabalhadores do mar, O homem que ri*, de Victor Hugo. *Grandes esperanças, Oliver Twist, David Copperfield*, de Charles Dickens. *Contos de segunda-feira*, de Alphonse Daudet. *Judas, o obscuro, Tess,* de Thomas Hardy. *Contos da patrulha de pesca, Martin Eden,* de Jack London... Posso continuar a lista? Mais tarde, *O idiota,* um desses livros, e não foi o único, que recomecei a ler imediatamente, assim que terminei.

FP: Imediatamente?

AM: Imediatamente. Fiz a mesma coisa com *Judas, o obscuro,* de Thomas Hardy. Era insuportável para mim pensar em deixar esses livros. A mesma coisa aconteceu com *Os irmãos Karamazov,* de Dostoiévski. Mesmo sentimento com *Vida e destino,* de Vassili Grossman, que li muito mais tarde, assim que saiu, há mais ou menos vinte anos. Mas esse não comecei a reler assim que acabei. Para mim, nenhum escritor moderno chegou tão perto do indizível quanto Grossman, quando ele descreve o interior de uma câmara de gás. Ele acompanha o personagem, com seu filho, até lá dentro! "Não, isso é impossível de se escrever." E, no entanto, ele escreve! Ele dá corpo ao diabo. É uma questão de vida ou morte. Toda a sua obra está em questão, sua vida, seu destino. Já se disse muito que *Vida e destino* é o *Guerra e paz* do século XX. *Guerra e paz* eu nunca consegui acabar, aliás. É uma vergonha. Eu tenho vergonha.

FP: Quantos anos você tinha na época dessas primeiras leituras?

AM: *O idiota* eu devia ter 16 anos. *Judas,* 14 ou 15. De repente, desenvolvi uma relação com um escritor que é como o mundo, e esse mundo por vezes te machuca, mas esse escritor te diz: "É para o seu bem que eu te machuco." Raramente temos essa mesma experiência no teatro. Por exemplo, *Medeia,* do Eurípides, montada por Deborah Warner (West End Theatre, Londres, 2001). Pela maneira com que trabalhou com Fiona Shaw, ela tornou a Medeia possível, plausível, sem torná-la menos monstruosa, capaz de devastar o mundo.

FP: Você vê, às vezes, o *mal* na obra?

AM: Você não? Um dia, em 1984, quando Hélène Cixous e eu estávamos num campo de refugiados de Kao I Dang na fronteira do Camboja, para preparar o espetáculo sobre Norodom Sihanouk, nós falávamos do mal com um homem admirável, um jesuíta, muito atípico, o padre Pierre Ceyrac. Ele era o único padre daquele campo enorme, e já estava com 72 anos – hoje ele tem noventa e mora em Madras. Na época, falávamos de Hitler, e fiz uma pergunta que sempre faço a mim mesma: "Como foi possível? Como um ser humano pode ter sido Hitler?" E ele me respondeu: "Ah, Ariane, é sempre preciso que o mal se encarne!"

FP: Numa companhia, como em qualquer comunidade, ele pode se encarnar?

AM: Numa companhia teatral, convenhamos, raramente surge um Hitler! Não vamos confundir tudo. Há o mal, é claro, mas o pequeno mal, ordinário, e ele fica sob alta vigilância.

FP: É você, a alta vigilância?

AM: Claro que não! É mútua, recíproca. Nós precisamos de um apoio, nós precisamos de olhares. "Duas coisas me enchem a alma de crescente admiração e respeito [...] o céu estrelado acima de mim e a lei moral dentro de mim", diz Kant. No que me diz respeito, essa lei moral é mais bem protegida em mim se alguns amigos estão me olhando.

FP: O que você faria, se esse diabo se encarnasse em você? Largaria o Soleil?

AM: Largar o Soleil não significa estar obedecendo ao diabo. Isso é algo que pode muito bem me acontecer qualquer dia desses. Seja porque eu me senti obrigada, seja porque senti que não estou mais à altura das minhas aspirações e das aspirações dos meus amigos.

FP: Eu não acho que você vai largar.

AM: Você sabe, tem um ritual no Soleil antes da representação. Entro nos camarins, temos uma pequena reunião e, depois de tê-los saudado, eu digo aos comediantes: "O público vai entrar!" Depois vou ao *foyer* e digo, em voz alta, a todos os outros trabalhadores do teatro, que também vão receber o público: "Atenção, atenção! Nosso teatro vai abrir!" E eu o digo cada vez como se fosse entrar um cortejo real. Sei que pode parecer ridículo, mas não estou nem aí. Depois, bato três vezes na porta – ouço pequenos gritos abafados e risinhos contidos – e a abro, com gestos grandes. E as pessoas me dizem "boa noite", e entram no nosso teatro, no teatro deles. Uma parte do público conhece esse ritual, espera esse ritual. Eles às vezes têm um sorriso que é meio de sarcasmo e meio de ternura, mas eles entram, eu sinto, com uma esperança, uma alegria, uma espécie de respeito e, logo, de exigência que, todos os dias, me comovem. Então, o dia em que disser para mim mesma "Ai, que porre, ainda tenho que abrir essa porta!", aí eu paro na hora. O dia em que não cometer mais infantilidades, como ficar furiosa porque o chão não está bem varrido, ou porque não tem mais papel no banheiro, ou porque o bar está uma zona, aí, sim, vou parar.

FP: Voltemos aos livros-mestres: há ensaios sobre teatro?

AM: Os livros de Meyerhold[10], Copeau, Dullin[11], Jouvet[12] foram "livros-mestres", evidentemente. E Stanislavski[13] também, é claro. Eles disseram tudo. Tudo o que é preciso saber sobre teatro.

FP: De que forma Jacques Copeau te influenciou? Especificamente ele, que criticou tão duramente o mercantilismo, a vulgaridade, o naturalismo vazio que reinavam no teatro do início do século XX, e que buscou reformar o teatro em todas as áreas.

AM: Com sua visão da ética do teatro, sem dúvida. E sua busca do *lugar único*. Um lugar que é como a entrada de um templo, uma área na qual tudo pode acontecer. Tudo. Absolutamente tudo.

De qualquer tempo, de qualquer época. Eu também estou sempre atrás desse sonho que é o lugar único. Hoje em dia, na Cartoucherie, nosso tablado quase não muda. Todo o resto, no entanto, muda o tempo todo!

No mais, ainda que ele ache, volta e meia, que é Deus, ainda que ele se comporte como um ditador com seus súditos, justiça seja feita: Copeau só pensa nos atores. Ele só gosta deles. Para que eles servem? O que há dentro deles? Como eles devem se transformar? Que disciplina devem ter? O que devem saber? O que não devem saber? Ele escreveu livros e livros sobre isso, livros insubstituíveis e esclarecedores, sobre tudo. Jouvet, por sua vez, liga a arte à vida, simplesmente. Todos aqueles que desenharam todos os caminhos pelos quais passamos são nossos mestres. Eles já disseram tudo, vamos lê-los mais e falar menos.

FP: O que é um mestre? Você tem um?

AM: Como eu disse, Jacques Lecoq foi um mestre. Se ele foi o "meu" mestre? Eu não sei se posso ir tão longe. Outros, sem dúvida, foram meus mestres, dos quais não sei nem o nome; atores que eu vi dentro de uma espelunca, no Japão e na Índia. À medida que eles representavam, eu dizia para mim mesma: "Isso é teatro! É esse teatro que eu quero fazer!"

FP: Você citou, entre os teóricos de teatro fundadores, o russo Vsevolod Meyerhold, grande ator do Teatro de Arte de Moscou do início do século XX e, sobretudo, explorador genial de todo tipo de linguagem cênica até que Stalin o fuzilou em 1940. De que maneira esse experimentador de todas as formas teatrais e métodos de interpretação – até a biomecânica – te marcou?

AM: Eu mesma teorizo muito pouco. Mas, aqui, gostaria de agradecer ao imenso trabalho de pesquisa e edição de Béatrice Picon-Vallin* sobre o teatro russo de modo geral, e sobre Meyerhold,

* Béatrice Picon-Vallin, *A cena em ensaios*. São Paulo: Editora Perspectiva, 2008.

especificamente. Assim, *1789* foi, sem dúvida, influenciado pelo que eu li sobre os grandes espetáculos de rua revolucionários que Meyerhold sonhava em realizar em Moscou nos anos 1920. Um dia, uma senhora muito velha, Nina Gourfinkel – uma crítica russa que nos deu muita força no começo, e que tinha conhecido muito bem Meyerhold e Stanislavski –, veio ver *Sonho de uma noite de verão*, ou foi *Os palhaços*? – e perguntou: "Vocês têm noção de que se Diaghilev tivesse visto esse espetáculo ele ficaria enlouquecido? Vocês estão totalmente na linha dele." Eu sabia que isso era para ela um elogio extraordinário. Mas não, eu não sabia, e ainda não sei, o que havia em comum entre Diaghilev e nós! Só mesmo essa velhinha russa sabia. E ela levou para o túmulo o segredo desse parentesco. Na busca do belo, é possível que a gente apresente os mesmos sintomas.

A arte do ator é a arte do sintoma. É a arte de apresentar os sintomas das paixões, dos sentimentos: empalidecer, corar, tremer. Os atores orientais sabem disso. Para a mesma paixão, exatamente o mesmo sintoma. Só que nunca é exatamente a mesma paixão. Ela é sempre colorida com um segundo sentimento, ou um terceiro. O medo diante de um tigre não é o mesmo medo que a gente sente ao lado de uma cobra ou perto de um crocodilo, ou aquele que o amante pode sentir diante de sua amada.

FP: Você não evocou Bertolt Brecht[14]... Seu teatro épico se inscreve na história do seu tempo desde os anos 1920, com uma função política e social declarada, e a prática de uma interpretação distanciada que visava dar ao público um espírito crítico. Ele foi fundamental para os diretores da sua geração? Sem contar que ele, como Artaud, se alimentou muito de arte oriental...

AM: É claro, foram muitos os que sentiram uma emoção indescritível quando descobriram o Berliner Ensemble, inclusive eu. Eu já fazia teatro, como amadora. Era extraordinário! Uma riqueza, um esplendor! Não era nada austero, nada parecido com o que ficavam repetindo sobre Brecht! O cenário de *Galileu Galilei*, uma espécie de quadrilátero de paredes de madeira escura, polida, era suntuoso. Mas a teoria brechtiana... Talvez porque eu tenha procurado minhas fontes rio acima: a Ásia, o Oriente. Foi só mais tarde que fui me interessar de verdade pela sua obra. Como pela de Artaud. Eles vieram confirmar o que eu acreditava ter descoberto sozinha. Sabe, eu leio muitas coisas, e esqueço rápido. Virou uma espécie de método. Como se fosse preciso esquecer, ser ingrato com seus "predecessores", para ser livre. A gratidão vem depois. Quando não tememos mais.

FP: E Jean Vilar[15], verdadeiro supervisor, depois de Firmin Gémier, da formidável aventura do Théâtre National Populaire de Chaillot, criador do Festival de Avignon, pai espiritual e teórico do teatro público, dos seus deveres, das suas exigências, da sua ética: você não o encontrou em Avignon?

AM: Foi um encontro rápido, infelizmente. Durante o verão de 1968, depois do Festival de Avignon, recebi, nas Salinas, um telefonema de Paul Puaux, seu braço direito que mais tarde se tornaria meu grande amigo: "Vilar quer te ver!" Jean Vilar tinha acabado de ter um infarto, pouco depois de ter sido horrivelmente insultado durante o festival do qual ele ainda era o anfitrião. Tremendo nas bases, voei para Avignon. Puaux me disse: "Vilar está te propondo vir ao festival de 1969 com seu próximo espetáculo (era *Os palhaços*), mas eu quero saber a sua resposta antes de você ir vê-lo, porque se é para dizer não, nem vale a pena ir!" Eu não podia imaginar recusar o que quer que fosse a Jean Vilar! Puaux me avisou, então, que alguns pensavam que o próximo festival também daria muito errado. Sinceramente, eu não estava nem aí para o que as pessoas pensavam. Então fui ver Vilar em seu leito de hospital, e ele me perguntou: "Apesar do que aconteceu este ano, você topa fazer o festival do ano que vem?" "Mas é claro!", respondi, balbuciando. Durante o festival de 1969 nós tivemos muito contato com ele, é claro. Mas ele me intimidava tanto! Era tímido. Questionava muitas coisas. Achava que faltava fôlego para o festival, que ele estava andando em círculos. Eu dizia: "Por que você não declara uma moratória e para o festival por pelo menos um ano?" "Não, se nós fizermos isso, o festival não volta nunca mais." Vilar tinha um lado curto e grosso. Imaginava-se que com ele não se podia brincar, mas ele tinha muito humor. Morreu pouco tempo depois. A dor de ter sido atacado como ele foi – em Avignon, alguns cretinos ousaram gritar "Vilar-Salazar!" àquele que, durante toda a sua vida, lutou para fazer do teatro um serviço público – está muito ligada à sua morte.

FP: Vilar te intimidava?

AM: Sim, muito mais que Giorgio Strehler, que no entanto era um diretor muito mais importante. Eu me lembro de ter visto 11 vezes *Os gigantes da montanha*, de Luigi Pirandello, dirigido por Strehler, quando o espetáculo veio para o Théâtre des Nations, em Paris, em 1965. Destruidor! Dessas coisas que dão vontade de abandonar o teatro.

FP: Você se sente uma filha espiritual de Vilar?

AM: Não cabe a mim me autoproclamar o que quer que seja. Espero que estejamos na sua linha, é claro! Mas estaria mentindo se dissesse que seus espetáculos foram determinantes para mim. Adorei a sua encenação da *Maria Tudor*, de Victor Hugo com Maria Casarès, mas graças a Maria Casarès. Li muito seus textos em seguida, e foram eles que me alimentaram, muito mais do que suas peças.

FP: E o que você acha do questionamento que houve depois da morte de Vilar acerca da própria ideia de "teatro popular"?

AM: Eu nunca questionei essa ideia. Gosto muito da frase de Antoine Vitez: "O teatro popular é o teatro de elite, mas para todos."

FP: Sendo filha de um grande produtor de cinema, podemos imaginar que a sétima arte ocupa um lugar privilegiado na sua formação artística. Houve algum encontro, alguma ocasião decisiva?

AM: Um cinema de bairro. Eu tinha 11 ou 12 anos, nós morávamos na rua Lalo, e havia, na Avenue de la Grande-Armée, no metrô Argentine, um cineminha que se chamava Studio Obligado e que tinha duas salas de projeção. Eu ia todas as quintas de tarde com a minha irmã pequena. Meu pai me dava dinheiro para dois ingressos, mas eu negociava com o bilheteiro, que era também o proprietário, para botar minha irmã no meu colo e ver um filme em cada sala. Eu vi, assim, todos os grandes cineastas americanos: John Ford, Howard Hawks, George Cukor, Wellman, Raoul Walsh, Vincent Minelli, Joseph Mankiewicz, Douglas Sirk etc...

Durante muito tempo, achei que aquilo era cinema popular para crianças. Quando virei uma cinéfila consciente, percebi que com 12 anos eu já tinha visto várias obras-primas, em vez de desenhos animados e filmecos. Não porque tinha escolhido, mas porque o cinema do meu bairro era administrado por um senhor realmente apaixonado por cinema e um grande programador. Tive muita sorte com o Studio Obligado.

FP: Esse cinema americano te marcou?

AM: Sim. Depois de termos visto esses filmes de gigantes, não podemos mais aceitar uma imagem desprovida de sentido. Um só plano de um grande cineasta nos anuncia todo um mundo, enquanto outros filmes só mostram o que está na tela. Ou seja: quase nada.

FP: Depois dos americanos da infância, quais foram as admirações?

AM: Os grandes italianos – Rosselini, Visconti, Pasolini, De Sica –, os grandes japoneses – Mizoguchi, Kurosawa, Ozu.

FP: Algumas emoções foram mais fortes que outras?

AM: *O salão da música*, de Satyajit Ray, é o melhor filme do mundo, *Os sete samurais*, de Kurosawa, é o melhor filme do mundo, *Lírio partido*, de David Wark Griffith, é o melhor filme do mundo, *O último homem*, de F.W. Murnau, é o melhor filme do mundo, *O intendente Sansho*, de Mizoguchi, é o melhor filme do mundo, *Aurora*, de F.W. Murnau, é o melhor filme do mundo, *Toni*, de Renoir, é o melhor filme do mundo, *Mamma Roma*, de Pasolini, é o melhor filme do mundo...

Em *Tempos modernos*, o plano em que Carlitos vai buscar uma bandeira vermelha que caiu do caminhão, começa a agitá-la e uma manifestação se forma atrás dele, cada vez que vejo esse plano, fico verde de inveja! Como pode algo ser tão genial e tão simples assim?

FP: O cinema estava mais acessível para você porque seu pai era produtor?

AM: Não! Ou sim, na verdade. Talvez.

FP: Outras cenas te marcaram?

AM: Em *Os sete samurais*, do Kurosawa, um dos samurais vê a mulher que o deixou e a câmera simplesmente segue o olhar dessa mulher. E tem também os filmes que a gente redescobre: *Morte em Veneza*, do Visconti, por exemplo. A primeira vez que vi, detestei esse filme. Eu não me interessei mais por Visconti nos vinte anos seguintes. Mas o filme passou de novo na televisão, recentemente. E eu o revi, e achei magnífico. É preciso ser mais velho para entender, envelhecer como o herói...

Mas também posso sentir uma emoção enorme admirando um acrobata. Pode me deixar com lágrimas nos olhos. Assistindo a essas coisas, me sinto orgulhosa de ser humana, pois alguns seres humanos são capazes de realizar tais proezas. Logo, virtualmente, nós também.

FP: Você ainda vai muito ao cinema?

AM: Menos, infelizmente, mas ainda vou. Ainda fazem bons filmes e algumas obras-primas. *Um anjo na minha mesa*, de Jane Campion, *Além da linha vermelha*, de Terence Malick, *Luna Papa*, de Bakhtyar Khudojnazarov, *A história real*, de David Lynch, *O rei das máscaras*, de Wi Tian Ming, *O círculo*, de Jafar Panahi, *As horas*, de Stephen Daldry, e estou esquecendo alguns... Mas não tenho vontade de ver os filmes violentos de hoje em dia. Os filmes de terror me aterrorizam de verdade. Então vejo uns DVDs, ou, quando estou cansada, tenho vergonha de dizer, sou capaz de ficar na frente da televisão e, me recriminando por estar fazendo isso, fico mudando de canal durante longas horas. Como se eu procurasse exaustivamente uma janela, uma mensagem divina, um símbolo, uma brecha, uma explicação do mundo. Aliás, de vez em quando, a gente acha. Mas é raro.

FP: Você evoca menos a música?

AM: De vez em quando escuto muita música. Mas tenho momentos grandes de silêncio, também.

FP: O que você escuta?

AM: Tudo. A música me leva sempre a outras imagens, histórias, visões, projetos. Eu não sei escutar música de uma maneira abstrata, como fazem os músicos e os melomaníacos de verdade.

FP: Com o tempo, gosta-se menos do inútil?

AM: Quando eu tenho pulsões de consumo, de necessidades materiais, sei que são pulsões ainda infantis. Quando não as tenho mais, sinto que alguma coisa em mim amadureceu... Mas envelhecer também inibe. As decisões são mais difíceis. O tempo acelera, a gente se diz: "Se eu fizer isso, não vou mais poder fazer aquilo..."

Sei que daqui para a frente não vou ter mais tempo de fazer tudo. Isso é muito novo para mim.

FP: Também fica mais difícil tomar decisões para o Théâtre du Soleil quanto aos espetáculos a se montar?

AM: Não. Pois, para mim, cada espetáculo é sempre o primeiro, o único, talvez o último.

SÉTIMO ENCONTRO

fazer cinema

CARTOUCHERIE
sábado, 12 de abril de 2003, 11h

Embora não façam uma "estreia para a classe" ou pré-estreias, ou qualquer badalação mundana e parisiense no Théâtre du Soleil, a maioria dos críticos veio ver *O último caravançarai*. O espetáculo foi bem. Ariane Mnouchkine, toda de branco, chega mais relaxada no imenso *hall-foyer*. Ela confessa que o tema do espetáculo fragilizou os atores, mas não economiza elogios à companhia, que acumulou nos meses de ensaio mais de seiscentas improvisações, que renderiam, segundo ela, três espetáculos magníficos! "Nós emburacamos feito uns malucos durante esse tempo todo, sem questionar nada. Agora o Théâtre du Soleil não se sustenta mais por nem um mês, se não estiver cheio todo dia!" Ariane Mnouchkine permanece, no entanto, esperançosa. Durante 15 dias, ela vai observar minuciosamente o espetáculo a cada noite, tomar notas e lê-las, todo dia, para os atores depois da peça. Pode durar até bem tarde. A magnífica rainha africana dos coquetéis de frutas da

Cartoucherie, Fanta, chega agora para nos servir um deles, à sua maneira. Nós estamos sozinhas no *hall* vazio. Sobre as paredes, afrescos, frisos e pinturas levemente envelhecidas: vestígios emocionantes de espetáculos passados, de emoções teatrais passadas. Ariane Mnouchkine se levanta: "Tem luz demais aqui, temos que economizar energia." E fez-se a penumbra.

FABIENNE PASCAUD: Como nasceu, em 1971, a vontade de filmar *1789*, seu primeiro filme?

ARIANE MNOUCHKINE: Todo mundo me dizia: "Vocês têm que filmar o espetáculo!" Eu não tinha tanta certeza. Mas se nós o filmássemos, sabia que era preciso filmá-lo como faríamos com um jogo de futebol: ao vivo, na urgência, com três câmeras, e mais de uma apresentação. No fim, foi isso que a gente fez. E eu adorei isso. Adoro fazer cinema, mas a pressão do tempo e do dinheiro logo se torna muito massacrante. Não tem nada a ver com as pressões do teatro. No cinema, a simples ideia de filmar de novo uma cena que não deu certo faz todo mundo arrancar os cabelos, de tão caro que isso custa.

FP: No entanto você voltou a brincar disso, em 1976, com *Molière*.

AM: Por outras razões. Depois de *A era de ouro*, em 1975, o Théâtre du Soleil passou por uma crise de verdade. Tinha a impressão de que todo mundo se levava a sério demais. Não nos amávamos mais, ou talvez nos amávamos menos. Mas o principal sintoma da crise era que cada um estava sempre botando o outro em questão, e nunca a si mesmo. O perigo dos espetáculos coletivos é que cada um acaba por se considerar não como um dos autores, mas como O autor.

No mais, eu ainda era muito nova na época, muito desajeitada, e não tinha aprendido a esperar que a raiva passasse antes de falar. Eu era uma dinamite. Mas pouco a pouco fui percebendo que não conseguia expressar o que tinha no peito. O que eu pensava. O que eu queria. Então tive a ideia de filmar *Molière* para falar a todos sobre como é a vida de uma companhia de verdade. Suas felicidades, seus desastres. Dizia para mim mesma que Molière, o homem

Molière – não o mito Molière – devia ter vivido as mesmas dificuldades que eu e tantos outros diretores de companhia.

FP: Era um acerto de contas através do filme?

AM: Não. Nem um pouco um acerto de contas. Uma conversa. E, sobretudo, eu queria contar o verdadeiro nascimento do teatro na França e nos inscrever nessa linhagem. Tenho muito afeto, muita ternura por Molière. Sua coragem com relação aos devotos. Sua tolerância, sua bondade. Molière não tem baixezas, ele sempre ataca pelo alto.

FP: Com relação aos clássicos, você já tinha montado Shakespeare, no *Sonho de uma noite de verão*, em 1968, mas no cinema você preferiu Molière...

AM: Primeiro, porque sabe-se muito pouco sobre o homem Shakespeare. E, além disso, ele é tão imenso. Molière atravessa um século e um país: a França. Shakespeare atravessa o mundo, o tempo. Ele é filosófico o tempo todo. Enquanto Molière se pergunta sobre como viver honestamente, Shakespeare se pergunta como viver e como morrer. Nunca na vida vou achar que sou Shakespeare, mas o mais humilde dos diretores de companhia pode se identificar com Molière.

FP: Como você começou o projeto?

AM: Escrevi o roteiro sozinha. Durante três longos meses. Meu pai o achou "Muuuito, mas muuuito bonito"! Ele quis me ajudar, é claro, mas no mundo do cinema a relação pai-filha complica tudo. Ele tinha escrúpulos. Eu também. Ele me aconselhou então a mostrar o texto para Claude Lelouch, que acreditou apaixonadamente no projeto logo de cara e quis produzi-lo. Claude chamou Marcel Jullian, então presidente da Antenne 2, para conseguir uma coprodução. Jullian leu o roteiro e concordou. Nós, ao invés de esperar por um contrato formal, começamos logo o trabalho a todo o vapor. Começamos a fazer os cenários, os figurinos, as improvisações. E eis que, durante dois meses, foi impossível falar com Jullian! O próprio Lelouch não conseguia mais falar com ele ao telefone. Acho que Marcel Jullian, que amava sinceramente o projeto, estava com dificuldade em aprová-lo junto aos seus colaboradores. Mas ele não tinha coragem de me dizer. Depois de mil peripécias, resolvi ocupar o escritório da Antenne 2. Disse a ele que não sairia dali sem o meu contrato. Ele acreditou. Ele riu. Eu ganhei. Saí com meus papéis. Seis meses de preparação, seis meses de filmagem, seis meses de montagem, seis meses de remontagem! Dois anos de trabalho! O filme, que dura quatro horas, em duas partes, foi escolhido para o Festival de Cannes de 1979. Fiquei eufórica. Mas não deveria ter ficado.

FP: Por quê?

AM: Primeiro porque descobri, ao chegar a Cannes, que a imprensa vê os filmes sem o público. Fui jantar com meu pai durante a projeção e a angústia aumentou. Nós então voltamos para o cinema para saber como estava indo. Chegamos logo depois do fim da primeira parte e descobrimos que a assessora de imprensa, Arlette Gordon, lívida, já tinha sido avisada do destino que os críticos reservavam para o nosso filme. Chegou então Philippe Caubère, que fazia o Molière no filme, todo confiante, todo bonachão. Eu lhe disse: "Se prepara. Não vai acontecer da maneira que a gente esperava." Estava com medo de o meu pai ter um infarto. Então nós dois acabamos nos escondendo.

No fim da segunda parte, reações idênticas. Contra Lelouch, contra mim. O crítico Remo Forlani saiu do cinema gritando, na nossa cara: "É uma merda! E eu vou dizê-lo." E, juntando um gesto à sua fala, saiu diretamente pela Croisette. Nós ouvimos: "Mas por que é que essa mulherzinha de teatro está se metendo a fazer cinema?" Então nós andamos pela cidade, com meu pai, alguns do Soleil, e outros amigos que vieram nos encontrar, sob a chuva – será que chovia mesmo ou é só na minha lembrança? Meu pai estava orgulhoso do meu filme, mas muito preocupado comigo. Eu estava, da minha parte, muito preocupada com ele. E eis que, de repente, vendo a gente andar com aquele ar de cachorro vira-lata pela rua, pensei em *Cantando na chuva*, sabe, quando todo mundo sai da sala depois de um fiasco terrível? Tivemos uma crise de riso, os dois.

FP: E qual foi a reação do público na projeção da manhã seguinte?

AM: No dia seguinte, fui em direção ao Palais dizendo para mim mesma: "Isso vai ser horroroso! O público vai nos vaiar. Passei então timidamente na parte de baixo da escada e um homenzinho desceu correndo – estava no entreato – e me disse: 'É magnífico! Que filme lindo! Vai ser um sucesso arrebatador!' 'Você acha mesmo?'" Outros espectadores desceram a escada até mim: "Bravo! Bravo! A gente tem que subir correndo para não perder a segunda parte!" Eu não sabia mais em quem acreditar. Preparei então a companhia para a sessão oficial que se daria à noite. Lembrei a eles que o cineasta Marco Ferreri havia sido escorraçado no ano anterior. "Se escorraçarem a gente – a gente estava pronto para tudo –, a gente não vai responder, vai continuar digno." Eu proibi aos dois, três brigões do grupo de partir para a porrada. Quando subimos os degraus do Palais, era como se estivéssemos indo em direção à forca. Esverdeados, mas muito dignos e sorridentes.

Começou a projeção. Claude Lelouch e eu, no *hall*, entre as duas portas grandes da sala. Nós vimos três pessoas indo embora, Claude as fuzilou com o olhar e falou alto o nome delas: "Tchau, Fulano, tchau, Beltrana..." Mas ninguém mais saiu. Só a cantora Régine. Olhei para ela, tristíssima: "Está indo embora?" E ela: "Xixi, xixi!" E, na volta, nos disse: "Está maravilhoso!" No entreato, aplausos. O filme recomeça rápido demais, as pessoas se precipitam, subi até a cabine de projeção: "Que que houve? Por que tão rápido? Não deu nem tempo de as pessoas saírem!" "Ah, depois do que aconteceu ontem, estava com medo de todo mundo ir embora", confessou o projecionista. Mas não, ninguém foi embora, e no final, uma ovação. Todo mundo de pé!

FP: E as críticas no jornal, no dia seguinte?

AM: Aí foi menos divertido! Unanimemente contra! A não ser, mais tarde, por Gilbert Salachas, elogiosíssimo, no Télérama. Lembro que Henri Chapier escreveu: "As sabichonas massacram Molière!" Quando li isso, senti subir em mim sentimentos tão ruins que prometi nunca mais ler as críticas. Cumpro até hoje a promessa. A não ser quando os atores me incitam: "Lê esse artigo, o jornalista trabalhou de verdade, é um trabalho sério!"

Admirei muito meu pai durante esse processo. Ele era um osso duro de roer, já estava calejado. Mas sofria por nós. Aprendi muito. Alguns daqueles que nos cumprimentaram na véspera mudaram de opinião quando leram as críticas no dia seguinte. Eu pensei: "Não tenho mais tempo suficiente para passar, como alguns cineastas, dois, três, cinco anos para tentar fazer um filme, oito meses filmando e montando, um ano lutando pela distribuição, para depois ser massacrada! É desproporcional!"

FP: Como reagiram os atores do Soleil?

AM: Em geral, bem. Foram muito leais. Mas acho que para Philippe Caubère foi uma ferida que durou muito tempo.

FP: E como foi, em seguida, a distribuição do filme?

AM: Muito mal, no começo. Mas estávamos decididos a não nos influenciarmos. Então, brigamos pelo filme como nós teríamos brigado por um espetáculo. Uma amiga, Véronique Coquet, fez um trabalho enorme de "propaganda ativa", como diria Copeau. Ela levou o filme nas costas durante meses. E, aos poucos, alguns diretores de salas pequenas, com a ajuda de todos os professores da França e da Navarre, salvaram *Molière*. Lembro que, em Estrasburgo, por exemplo, Fabienne Vonier brigou pelo filme, com unhas e dentes, e foi vitoriosa. Milhares de estudantes do ensino médio e universitários viram o filme na sua salinha. Até a crítica evoluiu. Em algumas revistas, começamos a descobrir uns artigos muito elogiosos.

FP: Quais são os defeitos que você vê, hoje, no seu *Molière*, tão crepuscular, tão sombrio?

AM: Mas o século XVII é um século terrível! E a vida de Molière foi trágica! Ele não teve os amigos que merecia e encontrou no compositor Lully um inimigo terrível.

Os defeitos? Você quer saber os defeitos? Sem dúvida, o filme às vezes perde o ritmo e é redundante. Eu me perco em algumas cenas, como a do carnaval, em que deixo Molière em segundo plano para descrever a época. E, sem dúvida, essa cena não é a única.

Acho que, no momento da estreia, ficaram com raiva da gente, sobretudo porque o nosso orçamento era o de um filme ambicioso. Burrice deles. Porque o mesmo filme, produzido por outros que não o Soleil, teria custado quatro vezes mais. Nós, do Soleil, éramos pagos só com o mínimo e com participação na bilheteria. A equipe técnica estava no mínimo sindical. Alguns até aceitaram a participação, também. E, orgulho maior, eles chegaram a ganhar um dinheirinho, muito mais tarde, com essa participação. Bem pouquinho.

FP: O prazer do diretor lhe parece diferente no teatro e no cinema?

AM: No teatro – mesmo que eu não achasse isso há trinta anos –, quanto menos o diretor diz, melhor. Ele está lá para que as coisas aconteçam. Se ele tem vontade de mandar mais no jogo, no cinema, ele terá a câmera como fiel aliada. A relação entre um cineasta e seus atores é mais íntima, mais secreta porque o espectador não está lá. Enquanto no teatro, ele está sempre lá. Mesmo quando não está na sala, ele pertence à própria ideia do teatro. Nós encenamos para ele. O teatro está sempre diante do povo, sob o olhar dos deuses, diante da história.

FP: E o seu filme *A noite milagrosa* [La Nuit miraculeuse], de 1989? Você assinou o roteiro junto com Hélène Cixous.

AM: Bernard Faivre d'Arcier, então responsável pela cultura na Câmara dos Deputados, tinha nos pedido um projeto para celebrar o bicentenário da Revolução Francesa. Tratava-se de um filme para a televisão, pois não tínhamos conseguido recursos suficientes para o cinema. Era um conto fantástico e humanista sobre o nascimento da declaração dos direitos humanos e o início do parlamentarismo. Lembro que essa *Noite milagrosa* me valeu uma briga ridícula com Laurent Fabius, então presidente da Câmara. Era ele, no entanto, quem tinha encomendado o filme. Mas ele não tolerava que o filme começasse no banheiro da Câmara! "Não se entra na Câmara pelo banheiro!", ele disse. "Os deputados não vão aceitar." Como se os deputados vivessem numa redoma! São esquisitos, esses políticos.

FP: Você às vezes diz que filma muito pouco para aprender realmente a fazer cinema do jeito que gostaria. Você abriria mão durante um tempo do teatro, da vida numa companhia como o Soleil, para progredir no cinema?

AM: Não. O teatro é toda uma vida, ano após ano, mês após mês, dia após dia! É a aprendizagem perpétua. No teatro, tenho minha ilha, minha tribo, meu barco. No cinema, só posso ter essas coisas por alguns instantes.

OITAVO ENCONTRO

solidária

CARTOUCHERIE

sexta-feira, 25 de abril de 2003, 20h

A apresentação de *O último caravançarai* começou há meia hora. Ariane Mnouchkine me recebe no *foyer* para fugir o mais rápido possível caso algum incidente ocorra durante o espetáculo. A música de Jean-Jacques Lemêtre ecoa alegremente e, um pouco abafada, a voz dos atores também. Antes de se sentar à mesa redonda com nosso jantar, Ariane Mnouchkine verifica se o enorme e deslumbrante buquê de flores tem água o suficiente. Não tem. Ela providencia no mesmo instante. Nós falamos baixo, obrigatoriamente, para não incomodar os espectadores que estão do outro lado da parede. Ariane Mnouchkine ainda ostenta o mesmo broche: "Nem putas, nem submissas." Garotas saem para ir ao banheiro e riem alto. Ela voa na direção delas para mandá-las ficar quietas e espera que saiam do banheiro para acompanhá-las de volta à sala de espetáculos. Silenciosamente.

FABIENNE PASCAUD: Você não gosta de falar das suas militâncias, no entanto nunca deixou de se engajar. Desde o final dos anos 1950, durante a guerra da Argélia...

ARIANE MNOUCHKINE: Mas no meio dos artistas e estudantes da época, todo mundo se manifestava contra a guerra da Argélia, absolutamente todo mundo. Antes de fazer teatro, eu nunca tinha militado de verdade. As duas coisas estão ligadas? Provavelmente. Eu estava simplesmente apaixonada pelo mundo. Pela história. Eu queria, e quero, fazer parte da história. Recentemente, nas minhas gavetas, achei uma carta muito desajeitada que eu tinha escrito pro presidente da República, para pedir o indulto a Jacques Fesch, que acabou sendo guilhotinado aos 27 anos, em 1957. Ele havia matado um policial militar. Acho que esse foi meu primeiro engajamento: contra a pena de morte. Tinha esquecido dessa carta. Aí percebi como a minha memória é ruim, e fiquei triste com isso. Talvez seja porque eu mergulho na abundância do presente à qual me entrego por inteiro. Talvez porque eu reprima a lembrança dos momentos ruins para não revivê-los. Talvez porque eu faça a mesma coisa com os momentos bons, para não sentir saudade deles.

FP: Você deve se lembrar, no entanto, da criação da AIDA, a Associação Internacional em Defesa dos Artistas vítimas de repressão no mundo (com sede na Cartoucherie), junto com Claude Lelouch?

AM: Lembro. Eu não disse que era amnésica! Foi em 1979. Nós estávamos em cartaz com *Mefisto, romance de uma carreira*. Soubemos que uma companhia chilena, o Teatro Aleph, estava em perigo em Santiago, ameaçada pela polícia de Pinochet. Os artistas chilenos pediram que fôssemos pessoalmente ficar a par da situação deles. Pedi que o Claude fosse comigo. Ele aceitou na hora. Chegamos a Santiago nada tranquilos, tenho que admitir, e, lá descobrimos quanto todos estavam apavorados, inclusive os diplomatas franceses. Ficamos ainda menos tranquilos! No fim, nos comportamos bem enquanto estávamos lá, e na volta fundamos a AIDA. Uma pequena associação, mas que, nessa sinistra época militar, pôde ajudar um bom número de artistas da América Latina a sair de seus países, às vezes até mesmo a sair da cadeia.

FP: A AIDA continua em atividade?

AM: Continua, mas mudou de área. A opressão viaja. No início foi a América Latina, depois a Checoslováquia, a Polônia, o Camboja, a Bósnia, o Afeganistão, o Irã, a Argélia, muita Argélia, e continua. São as terríveis migrações da tirania. Às vezes, é preciso que o *mal* se encarne, como diz o padre Ceyrac.

FP: Distinguir o bem do mal é sempre fácil?

AM: Não, mas também não é assim tão complicado! E perverso é não querer perceber a diferença. Nós podemos muito bem, de vez em quando, distinguir o que é o pior do que é menos pior. O que é belo para você pode ser feio para outra pessoa, tudo bem. Mas alguns valores são universais. Eu não sou médica. Não tenho obrigação de tratar a vítima e o carrasco da mesma maneira. O degolador e o degolado. O estuprador e a estuprada. Os mutiladores e as mutiladas. Mesmo que, pobre mutilador, essa seja a cultura dele!

FP: Você ousou denunciar os perigosos desvios do fundamentalismo islâmico através da encenação do *Tartufo*, de Molière, em 1995.

AM: E alguns fizeram cara feia. Sob pretexto de que nós tínhamos transposto a ação para o sul, onde uma calorosa família muçulmana se submetia ao terror de um fundamentalista islâmico, chamado de Tartufo, disseram: "Como é que ousam falar do Islã!" Da mesma maneira que Molière ousou falar do nosso próprio fanatismo, três séculos atrás! A culpa é minha se essa peça pode ser mil vezes mergulhada na fonte da juventude e recuperar cada vez sua atualidade no mundo inteiro? A gente percebe quanto Molière foi corajoso de escrever e reescrever essa peça, duas vezes proibida por Luís XIV, quando a gente vê as reações que ela suscita ainda nos dias de hoje! *Tartufo* é uma obra heroica. Molière denuncia o onipotente partido devoto dos anos 1660, sua hipocrisia e sua avidez de poder, escondidas sob o fanatismo religioso. Estávamos particularmente sensíveis a esse tema porque alguns artistas argelinos exilados, que, aliás, não têm papas na língua ao criticar o fanatismo islâmico, nos contavam sem pudores o que eles tinham sofrido. É preciso ter a coragem de acreditar na testemunha, de vez em quando. Hoje em dia, por medo de ser enganado, não se pode mais acreditar em nenhum grito de socorro. A confiança virou um pecado capital: "Sejamos realistas, sejamos cínicos, sejamos surdos!" Que duplicidade, essa do Ocidente, que continua a negociar, em nome do realismo político-econômico, com os Estados que, no mundo inteiro, se arrogam o direito de escravizar mulheres, matar intelectuais, artistas, estudantes, jornalistas, todos os porta-vozes. Ocidente Tartufo! Ocidente Orgon! Ah, realmente, não me sinto inteligente o bastante para decifrar nossa época! A má-fé me sufoca e me faz perder a voz.

FP: Já que você não se sente "inteligente o bastante", no que consiste a sua força?

AM: Na tenacidade e na confiança, acho. E acho que é através da confiança que eu consigo unir as pessoas, quando consigo.

FP: Ao redor de um projeto artístico?

AM: Claro, é preciso ter uma obra. "Para manter os povos unidos, é preciso fazer obras", diz o Bagavadguitá. E obra não quer dizer só obra artística.

FP: Pode-se considerar que a sua greve de fome pela Bósnia, no fim do verão de 1995, era também uma espécie de obra?

AM: Também não vamos exagerar. A OTAN iria agir de qualquer maneira, independentemente da greve de fome de cinco carinhas do teatro! Além do quê, é muito mais fácil fazer greve de fome na Cartoucherie, acompanhados por médicos, do que numa prisão turca, onde vão te deixar ficar cego e, em seguida, morrer. Na época do Festival de Avignon, de 1995, os diretores François Tanguy, Olivier Py, a coreógrafa Maguy Marin, o ator e diretor Emmanuel de Véricourt e eu mesma assinamos o que a gente chamou de Declaração de Avignon, com o objetivo de que o governo francês contribuísse para acabar com a purificação étnica e defendesse a integridade da Bósnia. Lembro muito bem de Paul Puaux, que leu a declaração com sua voz de arauto, de militante incorruptível, no alto da escadaria do Palais des Papes, em Avignon.

O que isso queria dizer? Queria dizer que alguns artistas e intelectuais, geralmente apóstolos fervorosos da não agressão, pediam e clamavam que soldados europeus fossem matar sérvios e arriscar suas vidas para interromper o massacre de civis bósnios. Não podíamos assinar um texto desses e, em seguida, ir à praia pegar um bronzeado. Decidimos fazer, no começo de agosto, uma greve de fome. Era a única forma de embasar o nosso engajamento moral com um pouco de engajamento carnal. Permanecemos nessa situação por trinta dias. Até que a OTAN atacou. Se não, até onde teríamos ido? Seria desonesto se eu dissesse que iríamos até a morte. Mas teríamos ido bem longe, eu acho. Para, ao menos, não sermos ridículos.

O que ficou guardado desses dias? Alguns momentos secretos, que me deram muita alegria: aquelas pessoas que se preocuparam com a nossa saúde. Lucien Attoun, que me vê com 17 quilos a menos, e começa a chorar. Fiquei sem palavras, porque eu estava me sentindo muito bem com 17 quilos a menos! Philippe Adrien, chefe do Théâtre de la Tempête na Cartoucherie, muito próximo de todos nós, vinha a toda hora nos dar uma força. A graça de Olivier Py, sua cantoria. Eve Doë Bruce, nossa Eve, nosso minúsculo colosso, nossa protetora implacável. Eve é atriz, mas é, antes de tudo, combatente e justiceira. Sobre todas as frentes, dia e noite. Seu riso, seus furores, seu altruísmo inesgotável. As conversas chocantes que François Tanguy e seus amigos organizavam com os bósnios em Sarajevo. A voz de Hanifa Kapidzic, que ecoava forte em toda a Cartoucherie. Seu francês magnífico. No grande dia, logo antes de pararmos a greve, dissemos a eles: "Pronto! A OTAN vai atacar!" Eles, que ainda não ouviam os aviões, responderam: "Não dá para acreditar, mas podem parar a greve." E, de repente, começamos a ouvir, ao fundo, em Paris, os aviões da OTAN tomando o céu de Sarajevo.

E nessa época conhecemos um homem extraordinário, um ser delicioso: o almirante Sanguinetti. Era o nosso Emir dos Mares, como eu gostava de chamá-lo. Ele nos explicava a guerra, suas espertezas, as dos sérvios, as dos políticos... Lembro do seu espírito aguçado, do seu humor, do seu dom de contador de histórias. Gostava muito dele. Ele me lembrava meu pai: suas mãos, seus gestos, seus olhos...

Foi também nesse momento que nós conhecemos Abraham Serfaty,* que vinha, com suas muletas, quase todos os dias, um herói ele também, tão forte, tão grande, tão sincero e sem nenhuma, mas nenhuma arrogância, ou vaidade. Eu soube que ele finalmente voltou para casa com sua mulher, Christine, para o Marrocos que eles tanto amavam, pelo qual eles lutaram tanto, e onde eles finalmente poderiam viver livres.

Enfim, eram tantos jovens, garotos e garotas que viviam ali, dia e noite, e olhavam por nós e tinham um trabalho colossal para espalhar e explicar a urgência da situação na Bósnia. Entre eles, 24 horas por dia, estava Laurence Chables, a diretora do Théâtre du Radeau (Le Mans, França), e um jovem que, pela sua inteligência, sua delicadeza, sua cultura, sua memória fenomenal, sua força de trabalho quase inesgotável, nos foi rapidamente indispensável. Charles-Henri Bradier logo se tornou amigo de todos e meu assistente insubstituível.

O que podem pensar de nossas ações os verdadeiros militantes? Aqueles que cuidam dos imigrantes sem documento todo dia, há cinco anos? Já a nós as pessoas só vêm procurar quando precisam de alguma coisa que brilhe um pouco.

---

* Abraham Serfaty (1926-2010) foi um proeminente militante político, ativista marroquino. Preso por ordem do rei do Marrocos, Hassan II, por conta de suas ações políticas em favor da democracia, Serfaty foi condenado a quinze meses de vida subterrânea, 17 anos de prisão e oito anos de exílio.

Quando, numa manifestação, alguns vêm me dizer "Vem, Ariane, vem para a frente!", sei muito bem que imagem que isso dá, "estar na frente". O que parece é que estou roubando a manifestação para mim. Quem deve estar na frente é quem assume a causa 24 horas por dia, durante anos. Prefiro estar entre eles. Se as pessoas que me conhecem e têm estima por mim veem que eu estou ali, e isso é algo que as conforta, para mim basta. Não preciso ficar na frente. E isso quando convém, ainda por cima! Sim, pois só me engajo quando me convém! Émile Zola nunca escondeu que se ele estivesse escrevendo um livro quando foram procurá-lo para salvar um oficial judeu de nome Dreyfus, ele nunca teria se engajado e nunca teria escrito *Eu acuso*. Ele foi honesto. E disse isso em nome de todos os artistas. Aliás, os militantes experientes sabem disso. Eles não sentem raiva quando nós dizemos: "Olha, agora não vai dar, estou ensaiando." Eles sabem que podem contar bastante conosco, mas não sempre.

FP: Entre as militâncias que foram importantes para você, não está incluído o acolhimento dos imigrantes sem documento na Cartoucherie, em 1996?

AM: Isso foi por causa do Léon. Léon Schwartzenberg* me ligou, numa noite de junho. "Ariane, você poderia acolher 382 imigrantes ilegais por uns dias? A gente não sabe mais para onde ir, para que santo rezar." "Quando?", perguntei. Ele respondeu: "Esta noite! Amanhã, no máximo." Léon era assim. Ele chegou imediatamente. Nós conversamos. No dia seguinte, era o êxodo. Estávamos em cartaz com *Tartufo*. No princípio, eles ficaram um mês. Em seguida, durante dois meses, ocuparam a igreja Saint-Bernard. Quando souberam que seriam expulsos, nós fomos dormir lá com eles, durante oito dias, para apoiá-los. Deixei um recado no telefone da Eve: "Eve, se você quiser passar suas férias tranquilamente, não liga para mim de jeito nenhum." Ela ligou na hora. E passou o mês de agosto dor-

* Léon Schwartzenberg (1923-2003) foi um importante médico e intelectual, defensor dos imigrantes e dos sem-tetos.

mindo na igreja. Foi então que se deu o famoso golpe de machado na famosa porta da igreja, ordenado pelo famoso (ministro Alain) Juppé. Nos mandaram todos para fora. Reêxodo: voltaram para cá. E não sem problemas! Nós fomos claros: "O.K. para quatrocentos imigrantes, mas não mais. Se isso aqui transbordar, na presença do público, a polícia vai ter um bom pretexto para invadir a Cartoucherie." E isso era o que nós tentávamos evitar.

A Cartoucherie não devia ser um lugar de enfrentamentos, era para ser um abrigo, um santuário onde eles poderiam se reabastecer, elaborar estratégias. Uma vez prontos, voltariam para o combate. Alguns ficaram com raiva de mim, porque queriam bater de frente. Mas a maioria deles tinha a consciência de que quatrocentos era um número suficientemente simbólico para servir de bandeira a todos os imigrantes, incluindo os que não estavam sob o nosso teto. Eles dormiam em todos os teatros da Cartoucherie. Quando o público saía do *Tartufo*, eles estavam ali, na antessala, com seus sacos de dormir, e entravam na sala de espetáculos assim que o público saía. Preparavam, ou melhor, as mulheres preparavam refeições sobre fogareiros que nós tínhamos instalado na frente do Théâtre du Soleil, mas eles deram a palavra de honra de que nunca invadiriam a sala de espetáculos nem impediriam a gente de se apresentar. E mantiveram a palavra. Havia, entre eles, muitas pessoas incríveis.

FP: Como foi que eles partiram, finalmente?

AM: Eles decidiram partir quando perceberam que, uma vez acomodados na Cartoucherie, não incomodavam mais o governo, que deixava novamente a situação apodrecer e ainda matava dois coelhos: eles não precisavam mais se preocupar com os imigrantes e ainda estavam asfixiando os teatros que tinham cometido a imprudência, para não dizer o atrevimento, de acolhê-los. Um belo dia, todos foram embora, a todo o vapor, sem aviso prévio, e todo mundo ficou triste, um pouco magoado. Mas esse é o método, meio de guerrilha, da porta-voz do movimento, Madiguène Cissé. Por quem tenho muita admiração e estima, aliás.

FP: Você tirou desse episódio dos imigrantes um espetáculo, adaptando-o para as desgraças de uma companhia de teatro tibetana: *E de repente, noites em claro*, escrito por Hélène Cixous, a partir das improvisações dos atores.

AM: Hélène não escreveu a partir das improvisações. Ela escreveu algumas cenas do espetáculo. Outros momentos foram frutos de improvisação. A experiência com os imigrantes foi uma aventura muito reveladora para nós mesmos, sobre nós mesmos. Conseguimos nos ver melhor, durante essas semanas um pouco doidas. Nosso território invadido, nosso ritmo virado de pernas para o ar, nossa hospitalidade, às vezes, duramente posta à prova. A imagem bonita que nós tínhamos da nossa paciência, da nossa tolerância, da nossa generosidade, foi um pouco desgastada. Tivemos momentos em que não fomos nem pacientes, nem tolerantes, nem generosos. Mas, no fim, seguramos a barra. E queríamos falar disso. Nossos ideais sendo postos à prova pelo concreto da vida. Nossa vocação é contar o nosso tempo. Mas, na preocupação, constante, de descolar do realismo, nós passamos, como de costume, pela Ásia. Fazia muito tempo que queríamos falar do Tibete. Como muitos, tenho uma fascinação, e uma grande ternura, por esse povo. Você conhece o hino nacional tibetano? *Que o ensinamento de Buda irradie nas dez direções e leve todos os seres do vasto mundo a gozar de paz e de felicidade* (...).

Você conhece algum outro país cujo hino apele às bençãos divinas no mundo inteiro? Não tem nenhum. Por isso, pus a bandeira deles, ao lado da francesa, na entrada da Cartoucherie.

FP: Essa bandeira francesa, na frente do teatro, não é um pouco de exagero, visto que já está escrito "Liberdade, Igualdade, Fraternidade"?

AM: Mas, enfim, é tudo uma coisa só! Nós hasteamos a bandeira justamente em 1995, durante a epopeia dos imigrantes sem documento que nos falavam o tempo todo da França ideal. E depois, é uma bandeira muito bonita, que não quero de jeito nenhum dar a Le Pen! Assim que a vi flutuar, quis escrever também "Liberdade, Igualdade, Fraternidade", como em todo lugar público de respeito.

FP: Um grito de amor à nação francesa?

AM: Não aprovo a França como ela é. Mas se nós nos sentimos mal, é preciso brigar para melhorá-la. De tanto dizer às pessoas que elas moram no pior dos países, elas podem acabar se convencendo disso e piorá-lo. Não é o pior dos países, longe disso! É simplesmente preciso trabalhar para que tudo o que é inaceitável, fraco e mesquinho aconteça o menos possível. Dizer debochadamente que a França é decadente não basta para torná-la melhor.

FP: Voltemos a essa peça, *E de repente, noites em claro*. Na peça, você convidava uma companhia de teatro tibetana, que decide no final da apresentação pedir asilo à Cartoucherie. O governo francês acabava, de fato, de recusar suas exigências: não liberar cem aviões comandados por Pequim e reconhecer que o Tibete foi anexado pela China.

O espetáculo confrontava assim essa trupe, os atores do Soleil e os espectadores de teatro. Uma trama de "teatro no teatro", mas diretamente, quase realisticamente inspirada na experiência dos imigrantes africanos sem documentos.

AM: Gostei muito desse espetáculo. Tinha momentos muito belos, mas era frágil, e às vezes quase anedótico. Estávamos muito próximos do que havíamos vivido, talvez um pouco complacentes. Faltava uma torção. Faltavam verdadeiros malvados, verdadeiros egoístas, verdadeiros covardes. É perigoso quando não há verdadeiros malvados num espetáculo. Os chineses eram os malvados espectrais, os políticos eram os covardes espectrais. Faltava o diabo em cena. *E de repente, noites em claro* é um espetáculo de transição, que anuncia *O último caravançarai*. Há espetáculos de transição e espetáculos matriciais. Às vezes acertamos, outras nem tanto. É preciso ser modesto, nossa vocação é dar conta do presente, e há diversas formas de apreendê-lo. Gostaria de refazer um dia alguma coisa sobre o Tibete. Não sobre nós e o Tibete, mas sobre o Tibete. Pois, deixando morrer o Tibete, nós deixamos morrer o último povo guardião do sonho sublime de espiritualidade possível na política.

FP: *E de repente, noites em claro* terminava com a volta da companhia tibetana à Índia, sem que ela tivesse realmente obtido ganho de causa. O que aconteceu, na verdade, com os imigrantes sem documento africanos?

AM: Quase todos foram regularizados. Felizmente. Eles tinham esse direito: haviam passado vários anos na França, eram francófonos, trabalhavam, não eram nem bandidos nem traficantes, nem islamitas ou terroristas. Eram famílias com mulher, crianças, ou jovens solteiros com direito a um futuro. Todos haviam sido jogados na irregularidade pelas leis Pasqua. Também havia alguns recém-chegados aglutinados, mas eram muito poucos.

FP: Para você, quem tem o direito de ficar?

AM: Sinto vontade de te responder à maneira dos "convencionais"* de 1793, que já decretavam: "O povo francês concede asilo aos oprimidos e o recusa aos tiranos." Acho muito importante esse "o recusa aos tiranos". O tirano não sendo somente o Bokassa da República Centroafricana ou o Duvalier do Haiti, mas também o líder integrista incendiário, o hostil sérvio *chetnik*, o terrorista etc... Porém às vezes, como foi o caso do Camboja, os primeiros acolhidos na França, aqueles que se viraram melhor para atravessar as fronteiras, foram os carrascos ordinários. Alguns ilustres Khmers vermelhos já estavam em Paris enquanto suas vítimas ainda estavam nos campos tailandeses, submetidas a um *numerus clausus* sórdido e às piores mesquinharias por um militar da Córsega, empregado da embaixada francesa (que não vou nomear, mesmo se vontade é o que não falta!), antes de poderem se refugiar aqui.

---

* Os "convencionais" foram os políticos que fundaram a Primeira República francesa, em 1792, e redigiram a primeira Constituição democrática da França.

É preciso estudar cada situação individual, cada caso. Briguei por causa disso com várias associações de extrema esquerda que recusavam categoricamente esse "caso a caso". É um trabalho gigantesco, e, o que é gravíssimo, é que, ao contrário da Inglaterra, a França não dispõe de funcionários administrativos para fazê-lo.

Atualmente, o asilo político é uma raridade, atacado por todo tipo de leis e decretos. Nós já organizamos um debate na Cartoucherie sobre o tema "É preciso salvar o direito de asilo". É muito esclarecedor para todos que ainda não se conscientizaram do que acontece nos ministérios e chancelarias europeus. Nós vamos continuar.

FP: E do caso Battisti,* o que você acha?

AM: Uma coisa me incomoda nessa história. É que na verdade, François Mitterrand, ou seja, a França, deu sua palavra de não extraditá-lo, e nós não cumprimos essa palavra. Mas, se me lembro bem, essa regra não dizia respeito aos que cometeram crimes de sangue. Aí está toda a questão. Battisti assassinou quatro pessoas ou não? Uma coisa é certa: na época, as condições em que foram julgados os brigadistas na Itália eram muito melhores do que as condições em que foram julgados os terroristas daqui. Lá não eram tribunais de exceção. Mas eu prefiro manter certa distância com relação a essa história. Eu não sei o suficiente a respeito. Mesmo assim, quando me falam de perdão, sempre acho que cabe às vítimas decidir. Não a mim.

FP: Eu a vi várias vezes usar o broche "nem putas, nem submissas". Você milita nesse movimento organizado por Fadela Amara com as meninas da periferia?

---

* Cesare Battisti, escritor italiano, membro do PAC (Proletários Armados pelo Comunismo), grupo de extrema esquerda, foi condenado por assassinato, apesar de se dizer inocente. Depois de conseguir refúgio na França, este foi revogado e Battisti se refugiou no Brasil, onde ficou preso até junho de 2011, quando o Supremo Tribunal Federal decidiu por sua libertação.

AM: Eu as sigo e as defendo. Acho exemplar sua coragem! Não deve ser fácil se opor à lei do pai e do irmão, denunciar essa espécie de tribunal comunitário que faz a lei nos subúrbios. Mais difícil ainda é declarar que o porte de véu é, antes de tudo, sinal de submissão, que a religião de qualquer modo é de ordem privada, íntima, e não precisa ser sinalizada. As militantes de "nem putas, nem submissas" reivindicam a igualdade e o laicismo republicanos, e a variedade de seu movimento. Lutamos contra o *apartheid* e ganhamos. Mas para as mulheres – metade da humanidade –, ou não se levanta um dedinho, ou, como esquerdistas retardados, chegam a manifestar por seus torturadores compreensão ou tolerância!

FP: Você é feminista?

AM: Sempre tive dificuldade em aceitar a simplificação obrigatória de toda militância. O discurso ideológico, tudo bem, mas no desvio de uma frase, surge uma fórmula que seca meu coração. Aliás, preciso sobretudo de ideais. Ainda assim, em 1971, assinei um manifesto chamado "343 putas"* para o direito ao aborto. E, depois, veio Hélène Cixous. Ela me fez compreender muitas coisas. Ainda me faz compreender muitas coisas. Estou convencida de que hoje em dia a luta das mulheres é a mais urgente das lutas. Enquanto elas não tiverem as leis a seu favor, as terão contra elas.

FP: Mas pessoalmente, na sua vida profissional como no seu cotidiano, você já sentiu a dificuldade de ser mulher?

AM: Percebi muito tarde que ser mulher não era sempre fácil. Fui uma filha querida por meu pai. Isso ajuda a superar todos os obstáculos. Cheguei então, sem precisar de capacete nem de escudo, a um terreno que não sabia que era minado. As pessoas do Soleil

---

* O "Manifesto das 343" foi um dos marcos da descriminalização do aborto, assinado por várias mulheres famosas que declaravam ter abortado, entre as quais Simone de Beauvoir e Catherine Deneuve.

eram no começo todas amigas, nós nos havíamos escolhido. Um verdadeiro machista não poderia ter ficado: seria ridículo demais. Eu não me dava conta de que ser diretor poderia ser complicado, e se tivessem me dito "Você não pode fazer isso porque é uma mulher", eu nem teria entendido!

FP: Mas nas crises que a companhia atravessou, não te questionavam mais por você ser mulher?

AM: Ainda essas crises! Talvez. Mas eu me proibia até de pensar nisso! A única vez em que falei sobre isso foi depois do Festival de Cannes, quando alguns críticos do "Masque et la Plume" (programa de debates), na rádio France Inter, me acusaram de megalomania porque *Molière* durava quatro horas. "Senhor, você chamaria um homem de megalômano porque seu filme dura quatro horas?"

FP: E as críticas de "maternalizar" a companhia de teatro?

AM: E daí? É ruim? Os homens também podem "paternalizar", ser muito apegados!

FP: Sobra lugar para sua vida privada?

AM: Você quer dizer para o amor, não é? Bom, mesmo que, como acontece com todas as pessoas de teatro, eu não tenha muito tempo para minha vida privada, fique tranquila, tem amor na minha vida privada.

FP: Você não poderia ter apenas o teatro na sua vida?

AM: Se o amor, na minha vida, não fosse completamente ligado ao teatro, não sei como o viveria. Felizmente, isso nunca me aconteceu, porque, de todo modo, nunca tive tempo de encontrar alguém fora do teatro!

FP: O teatro é a sua vida.

AM: Como todos os que fazem teatro, ligo tudo ao teatro, e como eles, atinjo às vezes momentos de uma tensão enorme! E momentos, em seguida, de vazio! Momentos em que preciso do vazio, de dormir, de ficar parada e ociosa, que seja na minha casa, sozinha ou com alguém, ou fora, num café, para ler uma besteira, uma revista, livros de receitas de cozinha muito complicadas, de cozinha tailandesa, por exemplo. Então viajo, e nem preciso mais cozinhar. Me divirto. É claro, me divirto no teatro. Me divirto profundamente. Mas às vezes preciso de outro divertimento. Menos inscrito no meu destino. Assim que passa o cansaço, tudo o que vejo, ouço, leio se traduz de novo por uma vontade de teatro. Ou por uma interrogação sobre o teatro.

NONO ENCONTRO

em avignon, a crise dos "intermitentes do espetáculo"*

CARTOUCHERIE
quinta-feira, 12 de junho de 2003, 21h

Hall de espera. Ao mesmo tempo vazio e cheio de ecos do espetáculo, como a cada noite de apresentação. Impressionante. Aguardo em um banco no fundo. Ariane Mnouchkine vem andando lentamente, balançando levemente a cabeça, olhando para o chão. Ela está com traços marcados, parece ansiosa. Como em raras vezes a vi. Diz que está preocupada, pouco à vontade. Não sabe o que pensar da noite de greve dos teatros na véspera – em apoio às reivindicações dos artistas intermitentes – e das manifestações contra a nova lei da aposentadoria. O Soleil também não se apresentou, mas ela continua a refletir sobre o assunto. Começa o intervalo. Ariane

* Os "intermitentes do espetáculo" são os artistas e técnicos da área cultural que recebem do governo um salário nos períodos de recesso (como um seguro-desemprego), por exemplo, entre um espetáculo e outro. Em 2003, o governo francês tentou eliminar esse estatuto, o que suscitou enormes movimentos de resistência da parte dos intermitentes, incluindo paralisações de festivais importantes, como o Festival de Avignon.

Mnouchkine me abandona para falar com os espectadores que vêm abordá-la. O público é muito misturado, tem um ar valente e aberto: dos adolescentes aos aposentados, de todos os meios sociais. Ariane Mnouchkine responde às questões de forma simples, diz "obrigada", com um sorriso cansado. Espera em pé que o último espectador tenha entrado no teatro para recomeçar nossa conversa. Um alarme de carro dispara. Falta de sorte. O alarme para. Desesperada com a ideia de que isso atrapalhe o público, Ariane Mnouchkine se levantará três vezes para verificar, lá fora, que tudo está em ordem. Ela está ao mesmo tempo cansada e irritada.

FABIENNE PASCAUD: Você não está se sentindo bem...

ARIANE MNOUCHKINE: Não estou me sentindo muito bem... Mas como sei que é um momento que sempre vivo depois do final de um espetáculo, pensei: então Fabienne também vai ter esse momento!

FP: Por quê?

AM: Por causa do intervalo entre duas coisas. A primeira parte do *Último caravançarai* acabou. Agora é preciso começar a segunda.

E depois, para mim, nesse momento, é doloroso não poder aderir a movimentos aos quais, em outras circunstâncias, eu teria aderido. Ontem, por exemplo, nós fechamos o teatro menos por solidariedade pelos intermitentes, que deram essa palavra de ordem, do que para não ter chateações. Para que não venham nos acusar de traição. No fundo, isso não é honesto. Não gosto disso!

FP: Você parece não aderir também, atualmente, aos movimentos contra a nova lei da aposentadoria. Por quê?

AM: Esses movimentos parecem estar contra todo tipo de reforma. Porém, é preciso reformar a aposentadoria. Quem pode negar? É preciso. Mas como? Se me perguntassem – mas ninguém me pergunta nada –, eu diria: alguns podem trabalhar mais tempo antes de ganhar a pensão porque têm profissões maravilhosas que eles escolheram, em que são preciosos, enquanto outros, que gastam a vida ganhando a vida, em profissões sem nenhuma graça, sem nenhum interesse, sem nenhuma felicidade, deveriam poder trabalhar durante menos tempo. Muito menos tempo. Pronto. E depois, pessoas que, durante a vida inteira, tiveram apenas o suficiente para viver, poderiam ter uma aposentadoria um pouco melhor, enquanto pessoas que viveram bem poderiam ter uma aposentadoria um pouquinho menos gorda. Está vendo, não estou nem um pouco na moda. O governo dá aposentadorias impossíveis para pessoas que já têm salários impossíveis, enquanto essa seria a oportunidade de reequilibrar um pouco, de consertar um pouco a dureza do destino. Mas não, a gente piora.

FP: O que você poderia fazer?

AM: Não grande coisa. A não ser dizer o que eu acho. E votar.

FP: E sobre a crise dos intermitentes, o que você acha?

AM: Escuta, não estou muito animada. Vamos falar disso mais tarde.

FP: Voltemos a esse vazio, já que eu tenho a sorte, como você disse, de te encontrar num momento de vazio, que não é tão frequente...

AM: Não, mas, afinal, talvez seja um momento até cheio demais. Se você quer saber, pedi a permissão de parar durante uma semana.

FP: Pediu a quem?

AM: Aos atores. À companhia.

FP: Mas você tem o direito de parar sem lhes pedir permissão!

AM: Não. É uma coisa que eu não decido sozinha.

FP: Você está contente com a ideia de partir em algumas semanas para o Festival de Avignon?

AM: Tenho muita afeição pelo público de Avignon. Ele é entusiasmado, apaixonado, sempre à escuta, e se parece muito com o público do Théâtre du Soleil. Tenho lembranças míticas de Avignon. Mas durante o festival a cidade se torna muito difícil de viver, barulhenta, tórrida e comercial. E depois, criar um espetáculo lá é como fazer tiro ao alvo sendo o alvo. É bastante violento. Temos o sentimento de participar de uma página da história do teatro, mas ficamos estressados, os olhos fixos no caixa, todo mundo fazendo contas, tamanho é o medo de passar do orçamento que recebemos. Avignon é uma mistura de alegria e terror. O caldeirão ideal para que as paixões e as crises de todo tipo se desenvolvam e cozinhem. As boas e as piores. Este ano, admito, não vou com o coração tranquilo.

terça-feira, primeiro de julho de 2003, 19h

Estamos na frente da Cartoucherie, ao ar livre, no pátio, em volta de uma mesa. Mas não é o momento de saborear a leveza do ar. Ariane Mnouchkine está cada vez mais preocupada com o rumo da crise dos intermitentes. Em volta de nós, no entanto, os técnicos se agitam para enviar os cenários, os figurinos e o material para o Festival de Avignon. Ariane Mnouchkine os vigia de canto de olho enquanto fala. Ligam várias vezes para o seu celular, e ela atende, o que geralmente não aconteceria. Ela parece estar sob pressões e interrogações. Parece internamente confusa.

FABIENNE PASCAUD: Deprimida, ainda, na véspera de partir para o Festival de Avignon?

ARIANE MNOUCHKINE: Não estou deprimida. Estou triste. Nosso porteiro, Hector Ortiz, morreu no sábado. Do coração. Ao pé daquela árvore. Tinha 63 anos. Um dia, Jean-Jacques Lemêtre o havia chamado de "Senhor Diretor das Trevas". Desde então, ele aparecia no programa sob essa misteriosa função. Ele protegia o teatro e toda a Cartoucherie há 27 anos! Ele está em Santo Domingo, agora.

Nossos caminhões devem partir amanhã para Avignon. Eu os atrasei o máximo possível. Estou com um pressentimento estranho. Vejo muitas pessoas para quem a greve seria melhor do que um espetáculo, para quem a greve seria uma realização. Liguei para Bernard Faivre d'Arcier (diretor do festival): "Mando os caminhões? Isso custa caro, e, francamente, estou com medo de que não tenha festival." "Não, não, manda os caminhões, você tem que estar preparada." Então, decidimos mandar os caminhões. Veremos.

BRASSERIE SELECT
sábado, 19 de julho, volta de avignon, 14h30

É a primeira vez que Ariane Mnouchkine marca um encontro comigo no centro de Paris. Estranho. Parece férias ou crise. Nós sentamos no fundo do café, vazio, para ficarmos mais à vontade. Pela primeira vez, Ariane está vestida com uma longa e ampla saia e carrega uma bolsa grande. De verão. Como todo mundo. É impressionante encontrá-la em outro lugar que não em seu reino da Cartoucherie, que não no trabalho. Como se ela e seu teatro fossem uma coisa só, como se fosse impossível imaginá-la de outra forma. Ela está com vários jornais e revistas na mão.

ARIANE MNOUCHKINE: Estou furiosa.

FABIENNE PASCAUD: Por quê? Você está com a impressão de ter sido manipulada?

AM: Não, não fui manipulada! Não, estou furiosa comigo mesma por não ter sido mais ofensiva, mais convincente.

FP: O que quer dizer, ser mais ofensiva?

AM: Tinha coisas a dizer que não podia, que não devia dizer em público, ou, em todo caso, não na frente da mídia ou dos responsáveis políticos. Mas nós devíamos ter arranjado um lugar para lavar a roupa suja em família, e dizer tudo na cara, tudo. Um lugar onde todos os que eram da mesma opinião que eu – e que não ousavam dizer nada porque estavam paralisados pela violência verbal exibicionista – poderiam ter se expressado sem medo de serem tratados de covardes, de traidores da causa do povo!

FP: De todo modo, a família do teatro nunca foi muito unida!

AM: Era justamente a única ocasião de tentar uni-la. Alguns jovens ilustres do mundo teatral tomaram, eu acho, uma grande responsabilidade se deixando levar, às vezes até levando junto os artistas, jovens ou menos jovens, menos bem pagos, menos remunerados, enfim, bem menos protegidos do que eles. Ninguém disse: "Bom, o antigo estatuto não estava muito benfeito. Ele nos forçava a roubar. A gente acabava roubando. É preciso fazer outro. Igualitário, dessa vez, e que os outros cidadãos, desempregados ou não, pudessem aceitar sem achá-lo burocrático. Temos um ano para isso, e então teremos uma bandeira indiscutível." Esse, sim, estou de acordo em defendê-lo e fazer a greve por ele, se for preciso.

FP: Como foi decidida a última greve, que provocou o cancelamento do festival? E, primeiro, quem estava decidindo?

AM: Se eu entendi bem – porque, no fundo, não ficou muito claro quem estava decidindo e por que esses e não outros –, havia de um lado os artistas, quer dizer, mais ou menos as companhias do festival oficial, além das da Chartreuse (sede do Centro Nacional de Textos de Espetáculos Teatrais, CNES, no original) – por que a Chartreuse estava fazendo parte, não tenho ideia –, e de outro, os técnicos. Os funcionários administrativos tiveram que defender arduamente seu direito de voto, que estava sendo incompreensivelmente contestado. Os *"offs"* (não oficiais) do festival eram considerados independentes e não podiam votar, o que os enfureceu. Eles tinham razão. Perderiam tudo. Os *"ins"* (oficiais) seriam pagos, o que quer que acontecesse. Com ou sem cancelamento.

No Soleil, depois de longas discussões, decidimos nos abster. Já havíamos feito isso com o primeiro voto de 8 de julho e, francamente, acho que o Théâtre du Soleil – que representaria 75 votos – adotou uma posição apaziguadora ao não votar. Você pode me dizer que se nós tivéssemos votado, a greve não teria acontecido. Talvez. Mas não teríamos podido nos apresentar, de qualquer modo. Alguns só esperavam por isso, e o diziam em voz alta e clara. Teria travado brigas cotidianas nas ruas, nos teatros! E não queria isso de jeito nenhum. Ser responsável por um cara – ator intermitente ou espectador – com uma mão machucada ou um olho furado durante os conflitos com os policiais.

"Ah, você não quer ter responsabilidades!", eles gritavam. Pois bem! Não! Essa responsabilidade, não. Não quero. Não é o meu trabalho jogar os jovens uns contra os outros, manipulados pelos velhos. "É você que vai ter essa responsabilidade!" A greve foi aprovada por pouco, e ainda assim, graças às quarenta vozes dos radicais da Chartreuse de Villeneuve-lès-Avignon, tranquilamente instalados em suas salas, que continuaram tranquilamente, em seguida, a fazer suas leituras. As companhias eram, ao que me parece, majoritariamente contra a greve. Os técnicos, majoritariamente a favor.

Nesse momento, os grupos de "*offs*" começaram a se separar: "Mas não temos nada a ver com as decisões dos '*ins*'! Não queremos fazer greve!" Dos seiscentos grupos, no final das contas, só havia cem que queriam fazer greve! Então, deixamos os "*offs*" se dividirem entre os que iam se apresentar e os outros. Em algum momento, tive esperança. Talvez fosse a hora de glória dos "*offs*"! Talvez eles aguentassem sozinhos! Mas não, eles não aguentaram sozinhos. Faltaram espectadores. Alguns dias depois, tudo estava acabado. O público não foi vê-los, ou só muito poucos, porque, em Avignon, as pessoas vêm mais para os espetáculos do festival "*in*". Só depois, para o "*off*".

FP: Você não ficou abalada com o fato de se abster? A abstenção não é muito a sua cara.

AM: Sim, nós hesitamos. Alguns atores queriam realmente votar contra a greve. Aliás, duas atrizes o fizeram.

FP: Você não acha que o público foi excluído dessa história? Que pensaram muito pouco nele, em suas reações, suas esperas, suas decepções?

AM: Não paramos de dizer: "Mas vocês estão deixando o público fora do debate, enquanto é do público que precisamos, só ele pode nos iluminar, apoiar, é dele que a gente vive, e vocês nem o deixam chegar a Avignon com suas ameaças de greve!" Me lembro de um intermitente – aliás, será que era mesmo um intermitente? –, enfim, de um cara, de vermelho-bordô, que estava profetizando: "Não tenham medo, mesmo se nós não nos apresentarmos, os espectadores estarão aqui. Eu vos digo, na verdade, eles estarão aqui! Conosco!" E a gente teria que ter engolido isso!? Fiquei três dias depois do cancelamento para encontrar alguns espectadores que não estavam conformados a dar meia-volta, e que ainda chegavam com malas nas mãos, nas ruas já desertas de Avignon. Eles não conseguiam acreditar. Estavam tristes.

FP: Como poderiam ter envolvido mais o público?

AM: Não anulando, ao menos, as primeiras apresentações, deixando as pessoas virem, e falando com elas depois, durante várias noites, se fosse preciso...

FP: Mas, aí, haveria o risco de uma guerrilha de verdade – que antes você estava criticando – entre os que queriam a greve e os outros!

AM: Mas que vitória, se tivéssemos conseguido convencer de que era preciso se apresentar e fazer todos os debates possíveis. Fazer de Avignon um imenso fórum. Passar noites com o público, informá-lo, escutá-lo. A greve, nesse caso, era uma solução preguiçosa. Atuemos e trabalhemos! Atuemos, porque o público estará aqui, e trabalhemos com o público. E elaboremos juntos esse famoso texto: um contrato entre uma sociedade e seus artistas. Mas um contrato de verdade, honrável, recíproco, em que ninguém pode roubar. Nem o empregador, nem o empregado, nem o Estado fugindo de suas responsabilidades de "regalias". Gosto dessa palavra! Eu a disse umas quatro vezes, deveria ter dito trinta vezes! Me faltou perseverança.

FP: Mas esse contrato não se faz em oito dias, exige um trabalho enorme...

AM: Mas eles acabam de nos dar mais tempo: nada vai mudar antes de primeiro de janeiro de 2004. E, de qualquer jeito, eles devem rever o acordo em 2005. Nós temos um ano para apresentar um texto fundador, com os princípios que o regem e os artigos de aplicação. Precisamos de juristas, de sindicalistas, de advogados que nos ajudem.

Até aqui, nós tínhamos brigado por uma maçã estragada. Deveríamos refazer o estatuto de intermitente de modo que qualquer cidadão francês, até o menos favorecido, o compreenda e o aceite.

É verdade, precisamos de um estatuto diferente e protetor. Mas não vamos exigir um conglomerado de pequenos privilégios difíceis de aceitar para aqueles que não têm nenhum.

FP: Uma mudança drástica, então.

AM: Isso! Isso exigiria um tipo de assembleia.

FP: Você acha que um projeto desses pode acontecer?

AM: Claro que sim. Muitas pessoas já se mobilizaram. Seria muito bonito se na França inteira houvesse grupos trabalhando em tal texto. Acho inclusive que haja alguns. Depois, vai vir o momento muito complicado da síntese, e aí veremos o que acontece! Mas, para começar, todo mundo deveria se acalmar, parar de gritar futilidades na cara dos outros, preservar nossas ferramentas de trabalho e tentar envolver o público, trabalhar todos juntos. Conversar, conversar durante noites inteiras, acima de qualquer intimidação, de onde quer que ela venha.

DÉCIMO ENCONTRO

o público, uma só alma

CARTOUCHERIE
sábado, 20 de dezembro de 2003, 15h30

O espetáculo acaba de começar. No *foyer*, a equipe do Soleil guarda, silenciosamente e com extrema rapidez, os copos e pratos sujos. A própria Ariane Mnouchkine fecha as enormes portas de madeira da sala de teatro, lançando aos espectadores sorrisos derradeiros. Há cinco meses não nos encontramos. A mãe de Ariane morreu nesse verão. Depois do cancelamento do Festival de Avignon, a segunda parte de *O último caravançarai* está em fase de ensaios. A dona do Soleil mergulhou no trabalho. Nós ficamos, como de costume, no *hall*, sentadas a uma das mesas redondas. Temos que falar baixo. Ariane Mnouchkine quer estar atenta a qualquer barulho ao redor, mas se dedica ao nosso exercício com boa vontade. Ela sabe que já adiou várias vezes os encontros.

FABIENNE PASCAUD: Para que serve o público para um criador de teatro?

ARIANE MNOUCHKINE: O público é aquele que sempre devemos escutar, mas nem sempre obedecer. Nas assembleias-gerais de Avignon, alguém citou esta frase de Jean Vilar: "Trata-se de saber se teremos a coragem e a teimosia de impor ao público o que ele deseja sem saber."

FP: Mas como saber o que ele deseja sem saber?

AM: Ah! Essa é a aposta de Vilar. É toda a sua definição do teatro popular: subir o nível, elevar o padrão. Sempre buscar o mais verdadeiro, o mais difícil. Tentar, por si só, decifrar este mundo, depois tentar fazê-lo entender, sentir, viver.

FP: Você acha que é isso que o público deseja sem saber?

AM: Sim. O que nos torna realmente humanos? A emoção que sentimos frente a outro humano. Os budistas diriam: frente a todo ser vivo. No entanto, temo que estejam fabricando uma humanidade que vai ter cada vez mais dificuldade em sentir uma emoção, uma compaixão, em relação ao outro.

FP: Como vocês cativam o público no Théâtre du Soleil?

AM: As pessoas vêm falar conosco depois da peça. Nós as ouvimos. Eu as observo. Às vezes, são boas, se expressam muito bem, e, às vezes, por estarem intimidadas ou emocionadas pela peça, são desajeitadas. Mas, na maior parte do tempo, há nos rostos algo de tão aliviado, de tão aprofundado!

FP: O que elas dizem?

AM: Muitas vezes fazem o que nós raramente ousamos fazer: uma declaração de amor. "Sabe de uma coisa, nunca disse isso, mas há trinta anos que sigo vocês, vi isso, vi aquilo..." Ou: "Você foi minha primeira emoção teatral, e hoje vim com a minha filha, que tem doze anos..." Ou: "No fundo, nós vivemos juntos... Vocês acompanharam minha vida." É isso. No fundo, vivemos juntos. Também há críticas, obviamente. Discussões amargas. Eu escuto. Se sinto que existe estima, uma interrogação real, se a reflexão é certa, reconheço: "É verdade, você tem razão, mas ainda não sei como fazer melhor." Às vezes é uma óbvia agressão verbal, uma pulsão negativa, ou narcisista. Então digo simplesmente: "Não é verdade." E viro as costas! Às vezes eles insistem. Graças a Deus, isso não acontece muito: "O que você quer que eu diga? Não posso responder." Porque eles esperam, ainda mais, que a gente defenda o espetáculo! E isso não sei fazer. "É a sua opinião, sinto muito." Eles se decepcionam: "Você não quer falar comigo, então?" Eu respondo: "Não é que eu não queira falar com você, mas não tenho nada a dizer sobre a sua crítica, só isso! Não sou obrigada a responder à sua crítica."

FP: E você aceita melhor as críticas de um espetáculo antigo?

AM: Claro, quando rompo o cordão umbilical vejo os defeitos e aceito críticas de forma mais serena. Mas isso nunca me fez mudar de caminho. As críticas nos jornais também não, aliás. Sem querer te chatear.

FP: Mas as trocas com o público, o seu público, podem, às vezes, fazê-la mudar uma cena que teria sido malcompreendida?

AM: Não se deve levar em conta as críticas dessa maneira! A não ser aquelas que confirmam uma dúvida, uma insatisfação já sentidas. No entanto, quando me dizem "Gosto do seu espetáculo, menos dessa cena" – quando é uma das minhas cenas preferidas –, me questiono. Deve estar faltando alguma chave. Às vezes, é uma questão de ritmo, de falta de clareza. Procuro, procuro. Mas quando se tenta modificar demais, o estrago é ainda maior. Não agradamos mais do que antes, e ainda perdemos coisas importantes. De qualquer forma, não existe um espetáculo sem defeitos. Até as peças do Shakespeare têm defeitos.

Ainda assim, de vez em quando, ouvir: "Você acompanhou minha vida..." ou "Não tinha entendido essa obra, mas agora consigo entender." Ou depois de *O último caravançarai*: "Quando lia os jornais, me perguntava: 'O que esses refugiados estão fazendo aqui?' Agora nunca mais vou poder me fazer essa pergunta do mesmo jeito." Isso cria uma espécie de fraternidade da dúvida, da interrogação. Os outros se perguntam as mesmas coisas que eu, que nós. Mas eles, e muitas vezes eles nos dizem isso, estão sozinhos, não têm ferramentas de luta nem de expressão. Nós temos uma ferramenta de expressão que é o teatro, e uma ferramenta de luta que é a companhia. Durante o trabalho de elaboração de um espetáculo, fico confiante. Se isso me emociona, vai emocioná-los também. Mas pode chegar o dia em que aquilo que me emociona os deixará indiferentes. Nesse momento, eu já era.

FP: Até agora sempre funcionou?

AM: Quase sempre, sim.

FP: E, para você, a interrogação e a dúvida unem mais o público do que as certezas...

AM: Sim. Nenhuma certeza. Acontece assim: o público entra no Soleil, tem certeza de um monte de coisas, certeza de ter pegado trânsito, certeza de que suou o dia inteiro no trabalho, certeza de que a Cartoucherie é muito longe, o espetáculo muito cedo, com certeza muito comprido, e os lugares, infelizmente, não marcados – isso é a nossa pequena estratégia para tentar fazê-los chegar com antecedência, e se preparar o melhor possível para nossa festa juntos –, tem certeza de que os imigrantes são numerosos demais, que são todos mentirosos, ávidos, que só querem viver às nossas custas. Ou então, ao contrário, tem certeza de que todos, sem exceção, são anjos, futuros militantes da solidariedade internacional, heróis fraternais. De tudo isso nós também tínhamos certeza, antes do trabalho. E, duas horas depois, vemos o público que sai. Um pouco vago. Flutua. Tem a coragem de não ter mais certeza de nada.

FP: Mas o público também pode se enganar? Ter mau gosto?

AM: Quando um público inteiro rejeita um espetáculo ou um filme, é sempre mau sinal para nós, a não ser que os formadores de opinião não tenham feito seu trabalho direito – e estou olhando para você, Fabienne! Acho mesmo que há grandes filmes ou grandes espetáculos que não atingiram o seu público porque a crítica não fez seu trabalho. Às vezes, é preciso acompanhar o público para ajudá-lo a perceber a raridade de uma criação.

FP: Quando você cria um espetáculo, você pensa no público?

AM: Não. Não no começo. Quando proponho aos atores que eles contem tal ou tal outra história, é porque tenho vontade de vê-la encenada.

FP: Mas assim que o espetáculo começa, você está lá, toda noite, monitorando tudo, e espiando, também, as reações dos espectadores durante a apresentação...

AM: Por mais que não tenha medo do público antes e depois, morro de medo dele durante a apresentação. Fico pensando: "Pronto, eles ficaram constrangidos, pronto, eles não viram isso que deveriam ter visto, pronto, eles viram aquilo que não deveriam ter visto, agora estão distraídos, agora está quente demais, agora está frio demais." Tenho medo de tudo que possa romper o precioso fio que liga comediantes e espectadores. Esse fio é tão frágil, tão fino!

FP: O que poderia cortá-lo?

AM: Uma vibração ruim na sala, um barulho desagradável, um incidente imperceptível no palco. Durante as quinze primeiras apresentações de *O último caravançarai*, fiquei na sala, sentada entre os espectadores. O que prova que estou progredindo, porque antes não podia ficar lá nem por uma noite, de tanto medo que tinha.

Ficava nos cantos. Mas dessa vez estava tão calma... Talvez seja por causa da singularidade do espetáculo.

FP: Por que estar presente em cada apresentação? Poucos dos seus colegas diretores fazem isso, uma vez que o espetáculo decolou.

AM: Não gosto da ideia de passar uma noite tranquila em casa enquanto os atores estão na linha de fogo. Um diretor de circo está sempre presente, um artista de rua também. Um espetáculo não é um produto. É um momento precioso da vida de 75 pessoas de um lado e de seiscentas de outro. E depois, tenho medo de incidentes. De acidentes. Há vinte anos, no dia da estreia de *A história terrível porém inacabada de Norodom Sihanouk*, houve um terrível acidente. Um jovem, um técnico, morreu. Benoît Barthélemy.

FP: O que significa para você "receber" o público, uma expressão que você emprega muito?

AM: O teatro não é uma loja nem um escritório, nem uma usina. É um ateliê de encontro, de compartilhamento. Um templo da reflexão, do conhecimento, da sensibilidade. Uma casa onde a gente deve se sentir bem, com água gelada se tivermos sede e alguma coisa para comer se tivermos fome. Meyerhold dizia que um teatro devia ser um verdadeiro "palácio das maravilhas". Hoje em dia, é realmente difícil ir ao teatro, é cansativo. Então é preciso acolher as pessoas e mostrar por pequenos sinais a que ponto estamos felizes e orgulhosos de eles estarem aqui. Etienne Lemasson, o homem das múltiplas funções, às vezes domador de nossas máquinas informáticas, às vezes engenheiro internauta, às vezes programador visual, às vezes diretor técnico, às vezes até assistente psicopediátrico para jovens delinquentes, também é nosso talentosíssimo florista. Todas as quartas, ele vai a Les Halles às cinco horas da manhã comprar as mais belas flores pelo preço mais barato possível, e prepara buquês suntuosos no *hall* de entrada. Por que há tantos teatros sinistros? Não entendo. Por que se gastam tantos milhões para construir monstros gélidos? Muitas vezes, em nossa pequena reunião cotidiana com os atores, antes de começar o espetáculo, lembramos a nós mesmos que na plateia há espectadores que vêm ao teatro pela primeira vez e outros, pela última.

FP: Para voltar à sua presença quase constante durante as apresentações, seria também um sacrifício, nas noites que você não vem, pensar que o espetáculo acontece sem você?

AM: Às vezes acontece de eu não estar aqui. Quando estou realmente muito cansada, ou quando tenho que conhecer um lugar para uma turnê. Hoje em dia eu aguento.

FP: Mas por que, geralmente, quando está aqui, você não consegue ficar na plateia, sentada no meio do público?

AM: Não suporto que aconteça alguma coisa no palco de que eu não goste. Quando não estou na plateia e sim no canto, posso ao menos correr lá para trás, fingir ser útil. Então, há trinta anos que fico em pé num canto. Menos nas falsas estreias, que são as estreias gratuitas. Nesse caso, fico à mesa de som, no meio da sala, pois considero que são ensaios abertos. Mas quando as pessoas pagam, é impossível fingir que é um ensaio. O diretor tem que desaparecer.

FP: Por que tanto respeito pelo espectador pagante?

AM: Por qualquer espectador! Ir ao teatro representa dinheiro, sacrifícios! Quando vejo chegarem certas famílias, no sábado à tarde, a mãe, o pai, às vezes os avós, com duas crianças, quatro entradas adultas mais duas meias, mais o jantar...

Num domingo à tarde, uma senhora veio com a neta, perguntou se ainda tinha lugar e quanto custava. Da bilheteria, logo vimos que era alguém sem condições financeiras, então indicamos nossa tarifa mais barata. E a mulher fez: "Ah!" E tirou da bolsa um pequeno porta-níqueis, um porta-níqueis de verdade, mas não tinha o suficiente. Então ela perguntou para sua neta: "O que a gente faz? A gente usa o dinheiro do lanche?" Obviamente, ela ganhou os ingressos, mas sempre que penso nesse "O que a gente faz? A gente usa o dinheiro do lanche?", tenho vontade de chorar. A solidão dessa mulher e de sua neta, a fragilidade delas. E depois, é quase uma frase do século XIX. Será que ainda existe muita gente capaz de usar o dinheiro do lanche para ir ao teatro?

E por que, no século XX, ainda há cidadãos franceses obrigados a escolher entre o lanche e o teatro?

FP: Esse tipo de incidente acontece com frequência?

AM: Não, mas é preciso prestar atenção. A verdadeira pobreza nem sempre reivindica. É discreta. Se distingue pelos porta-níqueis, pelos sapatos...

FP: Estar tão atenta – como você – às reações do público, bem mais do que às críticas teatrais, ajuda, às vezes, a pensar sobre seu trabalho? Você é crítica com relação a seus espetáculos? Ou prefere avançar sem olhar muito para trás?

AM: A pesquisa durante cada espetáculo é exigente. A gente sempre quer ir mais longe, mais fundo, ser mais justo, mais verdadeiro, mais simples, mas, ao mesmo tempo, não chamaria isso de crítica. É mais uma busca.

FP: O que significa ir mais longe?

AM: O que significa o "melhor"? É algo misterioso. Uma ligação entre a forma e o conteúdo, entre a vida e o teatro. De repente, sinto que vejo tudo e, ao mesmo tempo, entro nos olhos dos atores. Enquanto não entrar nos seus olhos, enquanto não for aspirada pelo seu olhar, vendo ao mesmo tempo toda a paisagem ao redor, ainda não chegamos lá, ainda não tem teatro no palco.

FP: Mas como conjugar essa "aspiração" no olhar dos atores com a visão da paisagem ao redor, uma boa distância, um equilíbrio necessário a todo espetáculo?

AM: Quando um momento de teatro surge num ensaio, todos podem senti-lo. Não somente eu. Acabamos de desbravar um novo território: temos o céu sobre nossas cabeças, água ou terra sob nossos pés e paixões na alma. De uma vez só, "pá!", temos tudo!

DÉCIMO PRIMEIRO ENCONTRO

1789, 1793, a era de ouro etc.

CARTOUCHERIE
quinta-feira, 5 de fevereiro de 2004, 21h

Quarto-escritório de Ariane Mnouchkine. Reina ainda a mesma paz, a mesma beleza simples, o mesmo gosto pela matéria-prima que nos espetáculos. O bebê ainda dorme em sua cesta de vime. Uma atriz se machucou durante a apresentação. Preocupada, Ariane Mnouchkine desceu imediatamente para vê-la. Não é nada grave. Mas ela interromperá a entrevista várias vezes para obter notícias, vigiar o estado da jovem mulher. Ariane também me apresenta a seu filho adotivo, Mansour, um jovem moreno e radiante de origem afegã, que veio fazer algumas perguntas sobre os horários em casa. De qual casa ele estará falando: da Cartoucherie ou da casa "deles"?

FABIENNE PASCAUD: Relendo minhas notas...

ARIANE MNOUCHKINE: Você achou que não passam de uma filosofia de botequim!

FP: Nem um pouco! Mas, relendo minhas notas, percebi que raramente você se refere a alguns espetáculos, que são no entanto os mais famosos do Théâtre du Soleil: *1789*, *1793*, *A era de ouro*. Como se você os tivesse esquecido.

AM: Porque estão muito longe. E depois chega o momento em que preciso admitir – sobretudo com relação a *1789* – que era simplista, que eu não gosto mais desse estilo mambembe, que eu não aceitaria mais hoje em dia essas imperfeições na interpretação. Ainda acho muito incisivo quando revejo partes do filme que nós gravamos nas últimas apresentações.

FP: Mas era deslumbrante, cheio de ímpeto, de lirismo, de violência...

AM: Não consigo mais assistir! Porém não renego nada, éramos nós, naquele momento, era o público, a época.

FP: Do que você se arrepende?

AM: No começo, queríamos romper com essa concepção tradicional que faz dos grandes homens os heróis e instigadores da história. Queríamos reabilitar o povo, mostrar que ele também poderia ser o famoso "instigador" da história. *1789* era então a Revolução vista e feita pelo povo. O espaço era um enorme campo de feira, onde os saltimbancos contavam os principais acontecimentos. Continuo gostando dessa ideia. Mas ninguém precisava atuar tão mal! Em *1793*, no entanto, já se atuava muito melhor, Joséphine Derenne, Jean-Claude Penchenat, Gérard Hardy estavam formidáveis. Philippe Caubère, Louba Guerchikoff, Serge Coursan, Maxime Lombard também. Mas, infelizmente, não temos vestígios filmados.

FP: Os dois espetáculos, um criado em 1970 em Milão, e o outro em maio de 1972 na Cartoucherie, tinham uma relação de continuidade?

AM: Estilisticamente, não. *1789* buscava parodiar caricaturando a aristocracia decadente, a burguesia emergente, com imagens teatrais fortes, próximas dos quadros vivos e da alegoria. *1793* era menos espetacular e fazia refletir sobre a tentativa de domínio dos assuntos públicos pelo povo. Mostrávamos a vida comum de uma seção de revolucionários em Paris, em Les Halles, entre a tomada das Tulherias, a destituição do rei em 10 de agosto de 1792, e o começo do Terror em setembro de 1793. Era possível ver como, durante mais de um ano, a soberania popular foi concretamente exercida por essas seções: uma verdadeira vanguarda revolucionária e laboratórios de uma democracia direta. Cada um era responsável e solidário por todos, e teoria e prática estavam constantemente ligadas e confrontadas. Eram muitos os desafios fascinantes para a companhia, que refletia, obviamente, sobre a vida coletiva, os problemas de autoridade, a repartição das atividades. Como os *sans-culottes.** Além do quê, *1793* também foi mais difícil de montar. Nós também quisemos encontrar uma analogia, na própria organização do local, entre a prática dos revolucionários e a do Soleil. E, como sempre, havia, no espetáculo, idas e vindas entre o particular e o geral, o individual e o coletivo, o pequeno e o grande.

FP: Você é atualmente muito crítica a respeito de *1789*, mas a forma cênica das criações dessa época era radicalmente original! Em *1789*, esse espaço dividido em cinco estrados entre os quais os espectadores circulavam: ainda não se havia visto nada igual! E as três mesas-cavaletes gigantes, e a galeria de dois andares da seção dos *sans-culottes* em *1793*: era comovente de tão verdadeiro! E os quatro vales-crateras cobertos de capachos castanhos onde atuavam sucessivamente os atores de *A era de ouro*: o vale dos pobres, o vale dos ricos e dos ambiciosos, o vale dos pequeno-burgueses e, finalmente, o vale virgem... Aquele teto de vidro acobreado e aquela multidão de lâmpadas que lembram o circo... Que sobriedade suntuosa! Era esplêndido!

* Literalmente: sem calções. O termo designa os participantes populares da Revolução Francesa, assim chamados por não usarem calções, como a nobreza, e sim calças.

AM: Você sabe, o diretor Luca Ronconi já tinha trabalhado nesse tipo de espaço. Para *1789*, nós tínhamos em mente uma mistura dos cavaletes da feira de Saint-Germain e de um mistério medieval. A Revolução Francesa também é o fim de uma Idade Média. Essa ideia de um espetáculo que seja herdeiro de nossas formas populares ainda me parece correta. Mesmo que, hoje, fizéssemos sobre a Revolução um espetáculo mais contrastado, mais hesitante, mais inquieto, talvez.

FP: Inquieto?

AM: A evolução de um personagem como Robespierre é terrível. Ele começa a favor da abolição da pena de morte e quatro anos depois organiza o Terror. Em 26 de agosto de 1789 aprova a Declaração dos Direitos Humanos e em 1793 reivindica a "lei dos suspeitos". Entra no Comitê de Salvação Pública e começa a eliminar seus adversários. Se torna um ditador. Que revolução interna!

FP: *1789* denunciava a substituição da Revolução pela burguesia. A análise ainda é pertinente...

AM: É. Mas, no fundo, talvez a grande sorte dessa Revolução seja o fato de ela não ter pulado etapas como as Revoluções russa ou chinesa. Talvez por isso tenha sido menos sanguinária que as outras. E a mãe de todas as outras (já posso ouvir as pessoas chiando!). Não era isso o que dizíamos no espetáculo. Mas os gritos dos dissidentes soviéticos nos forçaram, desde então, a tirar o tampão dos ouvidos! O *gulag*, os campos de reeducação na China, as prisões cubanas. Saber escutar e ouvir as testemunhas. Penso muito, muito frequentemente, em Kravchenko.*

FP: Como você concebeu o espetáculo?

* Victor Andreevich Kravchenko (1902-66) foi um alto funcionário da União Soviética que rompeu com o regime comunista. Ele narrou suas experiências e a vida no país, sob a ditadura de Stalin, no livro *Eu escolhi a liberdade*, de 1946.

AM: Queríamos uma canção *chanson de geste.** As improvisações necessárias à criação coletiva eram, na época, muito mais difíceis de se arquivar, memorizar, pois ainda não tínhamos câmera. Tínhamos apenas um pequeno gravador. Perdíamos muito do que acontecia.

FP: Foi difícil então entrar em acordo sobre as improvisações a serem conservadas?

AM: Não. Nada difícil. Ninguém se achava ainda o Buster Keaton. Havia um verdadeiro fervor, uma modéstia real. Depois de *A era de ouro*, em que o trabalho de ator era de fato muito mais puxado, mais exigente, e em que alguns atores se revelaram maravilhosos, alguns egos, digamos, incharam um pouco. E aí ficou mais difícil.

FP: Mais difícil também, sem dúvida, porque, durante os anos 1970-75, o Soleil, na esfera de influência de maio de 1968, devia estar muito politizado?

AM: Sobretudo a partir de *1793*, isto é, por volta de 1972. Eu resistia como podia.

FP: A quê?

AM: Ao maoismo. Atraída pela China como estava, também poderia ter embarcado. Sei disso, eu poderia. Tinha muitos amigos "maos". Mas eles eram tão repressivos, tão rígidos, até na sua vida privada... Se você tinha um gato, era sinal de que era uma burguesa. Era preciso dá-lo ou matá-lo!

FP: Mas por que os militantes obedeciam?

* Em francês, *Chansons de geste* são poemas épicos dos séculos XI e XII, anteriores à poesia lírica dos trovadores e aos romances em verso, que narram, tradicionalmente, os grandes feitos heroicos.

AM: Pela causa! Eram os processos de Moscou, numa versão bem menor. Sem contar a lavagem cerebral! Um grande sábio, um homem adorável, estava voltando da China. Uma noite, sempre vou me lembrar, jantávamos juntos, com Josephine Derenne e Philippe Caubère, e ele nos contou: "Vocês sabem quanto o DDT é ruim para o ambiente? Pois bem, numa zona de malária, os dirigentes chineses, por respeito à natureza, convocaram todos os camponeses da região, puseram-nos em fila, um ao lado do outro, e pediram-lhes que matassem os mosquitos a mão! Batendo palmas, durante horas! Não é maravilhoso?" Nós nos olhamos, Philippe e eu, e se ainda tinha um miligrama de maoismo nele, nesse instante se evaporou! Matar mosquitos numa zona inteira com milhares de camponeses aplaudindo durante horas! Um grande sábio acreditou nisso. Por um momento.

FP: Você admite, no entanto, que poderia ter sucumbido?

AM: Claro. Se os maoistas tivessem sido simpáticos, generosos, fraternais, indulgentes, tolerantes, humildes... Em suma, se eles tivessem sido são Francisco de Assis! Desejo tanto uma vida melhor, um mundo mais fraternal... Mas, justamente por causa do meu desejo de fraternidade, não aceito chegar a esse fim por meios ignóbeis. Os maoistas também sonhavam com uma sociedade melhor. A que preço? A Revolução Cultural na China eliminou entre 15 e trinta milhões de pessoas. Ou mais, segundo alguns. E agora? Era assim tão formidável, a Revolução Cultural?

A respeito de são Francisco de Assis, você sabia que ele foi o primeiro a encenar um presépio? Foi a primeira vez em que, no Natal, se montou, em plena cidade, um presépio vivo.

FP: Então a criação de *1793* foi muito perturbada pelas correntes maoistas?

AM: Digamos "questionada". Por exemplo, alguns atores preconizavam o anonimato total em nosso programa de *1793*. "Um programa com o nome das pessoas? Que horror! Alguém conhece o nome dos revolucionários de 1793?" "Tudo bem, mas se não tiver o nome de vocês, vocês sabem o que vai acontecer? Os jornais citarão apenas um, e será o meu." E eles desistiram do anonimato.

FP: Mas também não era perigoso dar o subtítulo do espetáculo de "A cidade revolucionária é deste mundo"? Não era incitar indiretamente a companhia a um tipo de revolução permanente?

AM: Mas ainda acho que a cidade revolucionária, como a entendiam os escritores do Iluminismo, tem de ser deste mundo. Tudo está na definição que damos a essa palavra. E na escolha dos meios para obtê-la. Ainda assim, é preciso prestar atenção quando se monta uma peça. Muitas vezes, ela se reproduz misteriosamente, insidiosamente, na coxia. Acho que é o que acontece com a "peça escocesa". Todo mundo diz que é uma tragédia que traz má sorte. Eu acho que todas as histórias de ambição, de poder e de assassinatos liberam sombras e fantasmas estranhos nos atores e diretores.

FP: A "peça escocesa"! É *Macbeth*, sem dúvida, a tragédia de Shakespeare, que você não quer nomear por superstição...

AM: Isso.

FP: *1789, 1793, A era de ouro* continuam míticas na mente de muitos espectadores e, curiosamente, não parecem ter deixado boas lembranças para você.

AM: Mas é claro que deixaram! *1789* foi uma grande, grande felicidade. *1793* foi mais confuso, como te disse, mas ainda tenho lembranças maravilhosas. Não, foi *A era de ouro* que quase acabou comigo, com todos nós.

FP: Por quê?

AM: Era difícil demais. Queria chegar aonde ainda não podia.

FP: Aonde?

AM: Ao teatro absoluto. À epopeia do presente. A revelação do momento presente. Entrar, ao mesmo tempo, na sociedade, na história, na política e na vida humana. Representar tudo isso, tocar na própria vida, acordar, despertar, revelar. Transformar. Era demais.

FP: Qual era a ideia de partida de *A era de ouro*, em 1975?

AM: Não me lembro mais.

FP: Ariane, você tem certeza?

AM: Tenho. Numa criação coletiva, não se pode exigir muita precisão no começo, senão a gente cai no didático. É preciso abrir um espaço do tipo: "Vamos fazer uma *commedia dell'arte*, mas na sociedade de hoje – com seus avessos, suas injustiças, seus compromissos, suas paixões –, mas da mesma maneira que os nossos ancestrais venezianos tratavam a sociedade deles, isto é, com máscaras." Desde o começo, sabemos a forma que devemos trabalhar, assim como a distância. Para *A era de ouro*, nos matamos de trabalhar. Um ano. O princípio era encontrar nos personagens tradicionais – Arlequim, Matamoros, Pantalone, Polichinelo, Zerbino, Isabela, Briguela – tipos e ferramentas de teatralização válidos para nossa época.

Apenas os teatros muito codificados como a *commedia dell'arte*, ou o teatro chinês, podem de fato nos ajudar a tornar visível e significante o que o hábito nos impede de ver. Só uma transposição constante esclarece o que está confuso. Mas no final desse caminho longo e muito duro com a companhia, pensei: "Nós esgotamos a criação coletiva! Quero voltar a um texto. Quero reaprender." Porque na improvisação coletiva, a longo prazo, a gente se repete e não aprende mais nada. E, além disso, com certeza me faltou discernimento.

FP: Para quê?

AM: Em *A era de ouro*, nós levamos a igualdade até o igualitarismo. A fim de respeitar a igualdade entre os atores na vida, me deixei levar e nivelei os heróis no palco. É o erro evitado hoje em *O último caravançarai*. Mas em 1975 não tive a coragem. Ainda que a gente se lembre das máscaras principais.

FP: Já havia tido máscaras em *Os palhaços*?

AM: Não, eram maquiagens. Nariz vermelho e maquiagem. Para *A era de ouro*, a proposta era uma *commedia dell'arte* moderna. Copeau já falava sobre isso em *Appels* [Chamados]: "A comédia deste tempo talvez seja escrita. Mas só poderá sê-lo com um grito de libertação (...). Para que possa se desenvolver a forma que poderá abranger uma tal matéria, acho, mais do que nunca, que será preciso quebrar a forma existente e voltar às formas primitivas, como as formas de personagem fixo, nas quais os personagens serão tudo."

Mas, pouco a pouco, me dei conta de que havia, apesar de todo o meu desejo, uma contradição entre a máscara e o contemporâneo. Como se o teatro verdadeiramente contemporâneo precisasse de uma interiorização mais soterrada, de uma forma mais diáfana. Por outro lado, se voltarmos a tempos muito antigos, aos mitos, por exemplo, vemos que as máscaras trágicas, assim como as máscaras japonesas, mantêm toda a sua potência.

FP: O uso da máscara permitiu, ainda assim, melhorar a performance dos atores de *A era de ouro*?

AM: Não somente dos atores de *A era de ouro*! A máscara é uma ferramenta magistral. Ela obriga imediatamente o ator a dar à verdade uma forma, a obedecer, a ceder a esse outro alguém, esse ser que ele veste no rosto e cuja alma ele acolhe. A máscara é uma bruxa que modela o corpo dos atores como se fosse argila.

FP: Mas você também ajuda os atores?

AM: É claro, tento ajudá-los com palavras, com imagens que levo, urros que eu dou quando os vejo à beira do abismo, ou perto do topo.

Estava assistindo a um jogo de futebol na televisão e observava os torcedores. Falo de torcedores de verdade, meninas e meninos de cara pintada com as cores do seu time, que choram quando perdem. Bom, quando encorajam seus jogadores, eles se parecem com um diretor de teatro! Isto é, com alguém que, por sua credulidade, sua confiança, permite que os atores encontrem sua própria credulidade, sua própria confiança, e, logo, as visões salvadoras. O teatro também é um esporte. Artaud disse que o ator é um atleta do coração.

FP: Você diz que os atores do Soleil estão melhores em *A era de ouro*, mas talvez você também tenha progredido na direção dos atores...

AM: Não existe bom professor que também não esteja aprendendo. Obviamente, sempre pode-se dizer: sou eu que ensino. Ou, ao contrário, sentir que se trata de uma escalada juntos, de uma batalha juntos, ou, às vezes, até de um contra o outro. Às vezes, lanço indicações que chamo de bumerangue. Elas voltam na minha cara quando um certo ator obedece e o resultado é horrível. Eu baixo a cabeça. Mas, um pouco mais tarde, com a mesma indicação, outro ator faz algo magnífico. Cada um é um. É preciso saber sentir, escutar cada um deles.

E, aos poucos, a gente vai aprendendo a indicar cada vez menos. Hokusai, que eu venero, escreveu: "Aos 73 anos aprendi um pouco sobre a verdadeira estrutura da natureza dos animais, plantas, pássaros, peixes e insetos. Em consequência, quando estiver com oitenta anos terei realizado mais progressos, aos noventa penetrarei no mistério das coisas; aos cem, por certo, terei atingido uma fase maravilhosa, e quando tiver 110 anos, qualquer coisa que fizer, seja um ponto ou uma linha, terá vida."

Como no filme de Andrzej Wajda, *O maestro*, em que John Gielgud, como maestro inglês, desembarca na Polônia para dirigir uma orquestra de província. Ele gosta dos seus músicos modestos, dirige com gestos muito pequenos, somente o necessário, suavemente, simplesmente. Mas o jovem diretor da orquestra quer fazer o concerto do século. É ambicioso, quer brilhar. Ele acha seus músicos medíocres, traz de Varsóvia músicos mais conhecidos, que o velho maestro imediatamente se recusa a dirigir. "Onde estão meus músicos?" Ele vai embora dos ensaios. O jovem diretor o substitui. Na noite do concerto, na frente do teatro, o velho maestro entra na fila com o público que espera os ingressos. E morre. Eu amo esse artista que no final da vida, realmente maduro – isto é, despojado de qualquer inclinação de poder –, só deseja um momento de felicidade, de pura música, de comunhão com seus músicos, por mais modestos que sejam, e os torna excelentes através de seu amor, sua simplicidade, sua escuta.

DÉCIMO SEGUNDO ENCONTRO

escrever a história

CARTOUCHERIE
segunda-feira, 15 de março de 2004, 20h

Primeiro andar do prédio da esquerda. Depois de subir a escadinha de madeira, chegamos ao grande escritório de "assuntos administrativos", "assuntos públicos", "assuntos informáticos/gráficos", "assuntos humanitários e turnês francesas e estrangeiras", como se diz graciosamente no Théâtre du Soleil. Todo mundo trabalha junto e todos ainda estão aqui. Como em todas as noites. O ambiente de trabalho é silencioso, reconfortante e discreto. Simpatia, café, chá e sempre alguma coisa para beliscar. O humor também está sempre por perto. É necessário para trabalhar tanto. Assim como a paixão, a admiração e o respeito, carinhoso e divertido, por Ariane Mnouchkine. Muitos aqui colaboram com ela há muito tempo. Pierre Salesne, o administrador, aceita, sorridente, me dar uma carona para casa, assim que a entrevista acabar, não antes das 22 horas, com certeza. Ele ainda estará aqui.

ARIANE MNOUCHKINE: Sempre me pergunto como é possível criar numa atmosfera desencantada, cínica, debochada.

FABIENNE PASCAUD: Mas é assim o mundo de hoje!

AM: Sim, mas não somos obrigados a endossar o mundo. Eu não endosso o mundo. Meus amigos e eu, com meios modestos, tentamos combater. Cada um tem suas afinidades, cada um tem causas para as quais está pronto a dedicar mais horas, ou a empenhar mais forças. Os artistas, principalmente, não estão aqui para endossar o mundo. Estão aqui para revelá-lo.

FP: Você acha que o teatro pode, revelando, melhorar o mundo?

AM: Dizem-nos com frequência: você não impediu nada! Mas não se sabe disso! Nos lugares onde os artistas não podem se expressar é melhor? Na Arábia Saudita, é melhor? Em Cuba, é melhor? No Paquistão, é melhor? Na China, é melhor? No Vietnã, é melhor? Na antiga Birmânia, é melhor? Não devemos reduzir nossas ambições.

FP: Você faz um teatro político?

AM: Quando um espetáculo fala realmente do mundo, se aqueles que o assistem conversam entre si e se questionam, então, sim, é teatro político.

FP: Um pouco como Shakespeare?

AM: Quando se pretende, como nós, que não há grande teatro senão o histórico, melhor voltar frequentemente à escola de Shakespeare! Fazer a lição. Como ele ousa, diretamente, o tempo todo, como ele invoca tudo, desde o foro íntimo dos seus personagens, sem se deixar limitar por nenhum *a priori*, como cada um de seus personagens é uma pessoa inteira, uma alma complexa, completa...

FP: Em quais circunstâncias você relembrou a escola de Shakespeare?

AM: Havíamos emendado muitas criações coletivas. Sentia que era preciso nos disciplinar, me disciplinar. Meu trabalho de dramaturgia sobre *Mefisto*, a partir de Klaus Mann, não tinha me satisfeito nem um pouco. Mas era sem dúvida um espetáculo decisivo. E minha decepção me conduziu a uma pesquisa mais radical. Era preciso, consequentemente, elevar o padrão, nos superar, traduzindo e encenando Shakespeare.

Shakespeare está longe de nós como está longe de nós o mais profundo de nós mesmos. Copeau disse:

"Quando o diretor se vê na presença de uma obra dramática, seu papel não é dizer 'O que eu vou fazer com ela?', seu papel é dizer 'O que ela vai fazer comigo?'." Muitas vezes se monta uma peça por conta de uma só cena. Acho que quis montar *Ricardo II* pela cena da abdicação. Depois, fiquei encantada com todo o resto.

FP: O que te provocava nessa cena?

AM: Chega para todo mundo um momento doloroso em que deixamos de ser reis de alguém. Quando se escolhe uma peça, ou melhor, se é escolhido por ela, sempre há um lugar secreto onde contamos um pedaço de nossa história. O importante é que isso permaneça secreto. As montagens devem contar a cada um a história de cada um. Os espectadores, os atores, cada um reconhece um pedaço de si, do próprio exílio, pois estamos todos exilados de algum lugar, das nossas dores de amor, de nossas separações, dos nossos ridículos, dos nossos terrores ou nossas vitórias. Mas se todo mundo vê o instante em que Ariane Mnouchkine fala dela, é porque deu errado!

Em *Henrique IV*, me sentia muito próxima do pobre Falstaff, aterrorizado na grande cena de batalha.

FP: Você, Ariane, aterrorizada por uma cena de batalha, enquanto nós a imaginamos em todos os combates, guerreira desde as oito horas da manhã na Cartoucherie!

AM: Mas é claro! Fisicamente, não tenho muita coragem. Tem uma parte de nós que só quer uma coisa: fugir!

FP: Cá entre nós... Que prazer lhe trouxe, primeiro, a tradução?

AM: A ilusão primorosa de ser uma grande escritora. O pensamento está lá, a beleza das imagens está lá. Ao final de um ato, a gente já se acha o Shakespeare. É exultante.

FP: Como você trabalhou?

AM: Como todos os tradutores, com o original e todas as traduções disponíveis. É necessária uma fidelidade, uma servidão embriagante à obra. Shakespeare se repete muito. Ele usa três vezes a mesma palavra, às vezes em dois versos seguidos. E muitas vezes os tradutores acham que são obrigados a evitar as repetições, por elegância! Mas Shakespeare não quer ser elegante. Ele é o vulcão em forma de homem, ou o homem em forma de vulcão. Ele cospe lama sangrenta e luz, que te ilumina até o fundo do mais tenebroso dos seus órgãos mais tenebrosos. Então, quando alguém tenta traduzi-lo, cobre-se de lama e luz.

FP: E depois da "mediação" shakespeariana de 1981 a 1984, depois do triunfo público e crítico de *Ricardo II, Noite de reis, Henrique IV* – espetáculos de uma beleza visual, também, de cortar o fôlego –, você escolheu se interessar pelo Camboja com *A história terrível porém inacabada de Norodom Sihanouk*. Uma virada radical?

AM: Não. Uma teimosia. Em 1979, já havia querido abordar a história do Camboja. Na minha grande viagem, em 1963-64, nada deixava pressentir o que aconteceu dez anos depois: o genocídio de cerca de três milhões de cambojanos pelos Khmers vermelhos. Eu quis compreender. Compreender e explicar a imbecilidade assassina dos Estados Unidos, a responsabilidade de boa parte da imprensa francesa, a cumplicidade ideológica de boa parte dos intelectuais de extrema esquerda, a covardia dos nossos governantes, a monstruosidade dos ideólogos Khmers vermelhos. Queria contar essa tragédia do nosso tempo no teatro. Não abandonar a história viva ao cinema ou à televisão. Mas nessa época eu não saberia escrever uma peça, criar personagens. Por isso o retorno a Shakespeare. Mais tarde, uma vez que a série shakespeariana tinha sido interrompida pela partida de alguns atores – e eu também não tinha mais vontade de montar *Henrique V*, que não me parecia fazer parte do mesmo ciclo formal –, quis voltar ao nosso drama de hoje. O Camboja. Mas dessa vez com uma autora de verdade: Hélène Cixous.

FP: Como nasceu a colaboração com ela?

AM: Havíamos nos encontrado brevemente enquanto fazíamos *1793*, em 1972. Ela tinha vindo ao Soleil, com Michel Foucault, pedir um pequeno espetáculo de *agitprop** que deveria ser montado em frente à prisão da Santé, junto com o Groupe d'Information Prisons, o GIP. O tema: "Quem rouba um pão vai para a prisão, quem rouba um milhão vai ao Palais-Bourbon." Precisavam de uma cena de menos de dois minutos e meio, porque era o tempo que a polícia demoraria para chegar e nos levar embora. Começamos nos apresentando em frente à Santé, mas a polícia chegou depois de apenas um minuto! Nós quisemos reencená-la para a "classe operária", nas entradas das fábricas Renault, e aí fomos acusados por operários que achavam ótimo que os ladrões de pão estivessem atrás das grades com os ladrões de milhões!

Eu havia guardado uma lembrança precisa de Hélène Cixous. Primeiro, ela era tão bonita e tinha uma postura tal que ninguém a esquecia. Depois, quando lhe mostramos nosso espetáculo, muito curto e modesto, apenas havíamos pronunciado o último slogan, ela havia se levantado de um pulo, dizendo: "Está magnífico! Está magnífico!" Ficamos estupefatos!

Depois, durante muito tempo, só nos vimos ocasionalmente. Nas manifestações. Ela gostava do Soleil e o seguia muito atentamente. Então, nos reencontramos, e eu a vi trabalhar, escrever uma notável pecinha chamada *A invasão da escola de Madhubaï*

---

* *Agitprop*: termo soviético que funde as palavras agitação e propaganda, usado para designar ações de difusão dos princípios comunistas.

[La prise de l'école de Madhubaï]. Assim, quando recomecei a engatinhar na direção do Camboja, em 1983, perguntei a ela se teria vontade de escrever para nós. Ela aceitou, com entusiasmo, "tentar escrever para nós". E sua chegada é uma das grandes datas, um dos grandes encontros do Soleil.

FP: O que você deve a ela?

AM: Hélène permitiu ao grupo enfrentar sua época sem se limitar pela criação coletiva, que, aliás, eu já não aguentava mais nessa época. Hélène possui uma inteligência magistral e estimulante, mas também tem o entusiasmo e a energia de uma garota. Pode até, às vezes, errar por excesso de entusiasmo. Enfim, exatamente o que precisávamos. No mais, e sobretudo, Hélène é uma tremenda escritora. Às vezes, é um pouco complicada para mim, que não sou nem um pouco como ela, que é uma grande intelectual. Eu lhe dizia: "Quero entender tudo. Quero que o público saia tendo entendido 'até a menor mosquinha ou minhoquinha'." Ela aceitou sem resistir, o que não é sempre o caso. Mas, no que diz respeito ao teatro, ela sabe que nele se age mais do que se escreve: que cada palavra deve ser ação e que o autor, como o ator, é um meio. Ele deve deixar vir, acolher seus personagens, por mais surpreendentes que eles pareçam.

FP: Uma grande humildade, então...

AM: Talvez seja pretensioso chamar isso de humildade. Eu diria amor à arte, simplesmente.

FP: Como vocês trabalharam?

AM: Nós elaboramos o assunto juntas, uma espécie de sinopse a quatro mãos. Depois, a redação pertencia a ela. Eu não intervinha nunca na sua escrita. Mas se, nos ensaios, eu lhe dizia "escuta, aqui não está funcionando direito. O que você acha de dessas duas cenas, fazer uma só?", ela recomeçava o trabalho com afinco. Ela nunca desistiu. Nunca recusou pôr tudo em questão. Enfim, é uma escritora de teatro.

FP: E até onde ela interveio artisticamente?

AM: Ela dizia quase sempre que estava genial!

FP: Ela nunca dizia nada de negativo?

AM: Nunca. Ela conhece as virtudes do elogio. Felizmente, nós somos capazes de entender que ela vê e nos fala do que nós queremos fazer antes que nós o façamos. E, mesmo quando não participa diretamente da dramaturgia de um espetáculo, como em *O último caravançarai*, ela está presente, nos apoia o tempo inteiro, compartilha totalmente as alegrias e as dores, as felicidades e as preocupações, sem ser tributária ou beneficiária. Hélène renunciou, pelo Soleil, a seus direitos de autora. Durante a apresentação de um espetáculo com o qual ela colaborou, recebe como nós. Se ela recebesse os direitos, pequenas fortunas não chegariam aos caixas do Soleil. Por isso, ela não recebe. Jean-Jacques Lemêtre também não, aliás.

FP: Você às vezes pede conselhos a ela?

AM: Sim. Falo muito com ela.

FP: Como foi a sua primeira colaboração, *A história terrível porém inacabada de Norodom Sihanouk*?

AM: Você se lembra dos fatos históricos? Em 1963, Pol Pot, Kieu Samphan, Ieng Sary, os futuros chefes Khmers vermelhos, tomavam as florestas. A partir de 1969, pouco a pouco, as forças vietnamitas penetraram mais fundo no Camboja para fugir dos bombardeios americanos, se esconder e voltar ao ataque. Os americanos decidiram persegui-los e, violando suas fronteiras, bombardear o Camboja, cada vez mais profunda e secretamente.

Então tudo virou de cabeça para baixo. Formados no maoismo na França, na Sorbonne, e na guerrilha revolucionária pelos vietnamitas, os Khmers vermelhos se aproveitaram de cada bomba americana.

O espetáculo conta como o príncipe, depois rei do Camboja, Norodom Sihanouk, foi derrubado em 1970 por um golpe de Estado de militares podres. Exilado em Pequim, ele cometeu o pior dos erros: contra sua vontade, mesmo assim fez uma aliança com seus antigos inimigos, os Khmers vermelhos. Ele voltou a Phnom Penh depois da vitória dos Khmers, em 1975. Logo no dia seguinte à sua chegada, os Khmers vermelhos, em três dias, esvaziaram Phnom Penh. O genocídio havia começado. E Sihanouk, quase fechado numa ala de seu palácio, viu cinco filhos e catorze netos seus assassinados. Em 1979, os vietnamitas invadiram, por sua vez, o país e tentaram capturar Sihanouk para alçá-lo de volta à frente do poder no Camboja. Mas os chineses conseguiram dos Khmers vermelhos que o príncipe voltasse a Pequim.

FP: Uma personalidade política ambígua?

AM: Sim e não. Mas ele é o Camboja. Nunca foi levado a sério pela França, que não entendeu nada, ou pior, não quis fazer o esforço de entender. Talvez uma pequena vingança pós-colonial? Ninguém quis ver quanto ele era ligado à independência de seu país. Devíamos tê-lo ajudado, alertado sobre o golpe de Estado. Mas a França de Pompidou não levantou um dedinho.

Em 1984, pouco tempo depois desses acontecimentos, fomos as duas, Hélène e eu, aos campos de refugiados cambojanos na fronteira tailandesa. Lá, recolhemos as histórias terríveis que alimentaram o trabalho de escrita de Hélène e o nosso trabalho de atores e diretora. Hélène escreveu muito. Só restou um quarto, no espetáculo, mas ensaiamos o texto inteiro. Tudo que não foi usado diretamente no espetáculo foi proveitoso para os atores e para mim.

FP: E a autora, Hélène Cixous, não ficou decepcionada por você manter tão pouco de sua escrita?

AM: Não. Ela escreveu o que lhe veio, depois foi o concreto do teatro que decidiu. Ela sabe o que é, ela corta, joga fora. Sem amargura.

FP: E qual foi a opinião do príncipe Sihanouk sobre o espetáculo?

AM: Ele estava muito inquieto, mandou emissário atrás de emissário. Um dos primeiros foi seu filho mais novo, o príncipe Sihamoni,* que nos disse: "Vou trazer meu pai. Só tem um detalhe: o chute do ministro Penn Nouth no sofá de Monsenhor... Na noite que ele vier, por favor, é preciso atenuá-lo!..." Esperamos, esperamos... Sihanouk não veio. Ele enviou dois outros emissários, duas senhoras, mais duras, rígidas. Antes mesmo de ver qualquer coisa, elas nos anunciaram problemas e advogados! E saíram do espetáculo chorando: "Monsenhor deve ver isso!" E, um dia, Monsenhor chegou. Clandestinamente. Ninguém podia vê-lo. Nós o fizemos passar às escondidas pela cozinha. Ele subiu por trás, na última fila da plateia, e aí, como se fosse movida por um sexto sentido, a sala inteira virou para trás, e viu que o personagem principal estava ali. Com sua mulher. Nem Shakespeare tinha atuado na frente de Henrique IV ou Henrique V. Nós, sim!

Estávamos mortos de medo. Tinha uma cena que ele havia "sugerido" retirar antes das apresentações, uma cena em que ele ordenava uma violenta repressão em Battambang. Eu havia recusado. Seu filho o havia convencido a aceitar: "Mas aconteceu! Não foi você quem deu a ordem?" Nunca vou me esquecer do seu encontro, no final do espetáculo, com Georges Bigot ainda maquiado e com figurino! Um jogo de espelhos! Uma criatura de dois corpos! Os dois reis pareciam aliviados.

É preciso dizer que Georges havia feito um tremendo trabalho de invocação, de encarnação, que ele tinha se apropriado do corpo, depois da música tão particular do rei do Camboja, depois de sua alma. Ele estava magnífico. Maurice Durozier também, de conse-

* Norodom Sihamoni é o atual rei do Camboja, coroado em outubro de 2004, após a abdicação de seu pai.

lheiro e ministro Penn Nouth. Andrès Pérez também, que fazia, entre outros, Chou En Lai.

Sihanouk voltou ao poder no Camboja alguns anos depois. O que o espetáculo anunciava "profeticamente". Por sinal, foi por isso que nós o chamamos de *A história terrível porém inacabada*.

FP: Ainda com Hélène Cixous, você criou em seguida, em 1987, *A Indíada ou a Índia de seus sonhos*.

AM: No começo, nós queríamos fazer um espetáculo sobre Indira Gandhi, cujo assassinato nos parecia revelador da situação da Índia na época. Fomos então para lá, no seu rastro, e nos demos conta de que ela não encarna o que se passa em seu país. Seu assassinato, sim; ela, não. Para entender a história da Índia, devíamos trabalhar pesquisando sobre Nehru, seu pai, e Gandhi, e os combatentes pela liberdade, os *Freedom Fighters*. A geração de antes. Assim que nós decidimos isso, os personagens surgiram do nada. Estávamos lidando com esses gigantes que o teatro às vezes exige.

Então, com alguns atores, fizemos uma segunda viagem, e encontramos sobreviventes do movimento pela independência, companheiros de Gandhi e de Nehru. Uma pesquisa, uma busca, durante a qual achamos grandes heróis, pequenos heróis e pessoas horríveis, já sabendo que virariam seres de teatro.

FP: Como?

AM: É preciso sentir onde está a poesia, onde está o não dito, o subdito. Uma velha mulher muçulmana nos contou que, numa noite, ela tomava chá na casa de uns amigos, na fronteira do novo Paquistão, que ela deixaria em breve, pois havia decidido permanecer indiana. De repente, sua xícara tremeu, o chá ficou preto, o céu, vermelho. No dia seguinte, ela descobriu que nessa mesma hora Gandhi havia sido morto. Ela nos contou isso enquanto descascava legumes para o *curry* que tinha nos convidado a dividir.

FP: Hoje em dia, com distanciamento, você ainda faria a mesma peça?

AM: Sim, mais do que nunca, mas o espetáculo seria ainda mais violento. A separação entre a Índia e o Paquistão foi uma tragédia. A loucura de um homem. Mohammed Ali Jinnah, um homem sem religião, inventou e obteve um Estado religioso, uma nação puramente muçulmana. O Paquistão nasceu no dia 14 de agosto de 1947, um dia antes do nascimento da Índia independente, e se tornou rapidamente o país que a gente conhece. Todas as opressões se acumularam: a ditadura militar, a ditadura religiosa, a bomba atômica, as máfias. Gostava muito desse espetáculo. O texto de Hélène, a música, os atores, o cenário, gostava de tudo. Maurice Durozier, que interpretava Maulana Azad, e Simon Abkarian, na pele de Abdul Gaffar Khan... Eles eram tão verdadeiros! E Georges Bigot na pele de Nehru, e Myriam Azencot na pele de Sarojini Naïdu, uma poetisa, grande personagem da luta para a independência, e Andrès Pérez no papel de Gandhi... Eu os admirava muito!

FP: Algumas pessoas criticaram, no momento da criação, em 1987, o fato de se tratar de uma história muito distante para o público francês.

AM: Ah, que droga! Isso é acreditar que a história dos outros não nos diz respeito. O que acontece com os outros acontece conosco. E nós somos cidadãos do mundo. *A Indíada* conta a divisão sangrenta da Índia, logo após a independência, os confrontos fratricidas entre hindus, *sikhs* e muçulmanos, mas é a metáfora de todas as divisões e separações que nos esperam a cada dia. A Índia sempre me inspirou. Por quê? Porque tudo que é ruim no homem é pior por lá e tudo que é belo é melhor ainda. Preciso desses extremos. Aqui tudo parece morno. Tem algo de original na Índia, que eu não compreendo mas que reconheço. O pior indiano me ajuda a reconhecer o pior aqui, a beleza indiana me ajuda a reconhecer a beleza aqui.

FP: Você faz esse tipo de criação para alertar as consciências, para tentar, talvez, mudar o mundo? Sete anos depois, em 1994, em *A cidade do perjúrio* – uma peça de Hélène Cixous, de novo, mas com ares de tragédia grega –, você denunciou, assim, o terrível caso do sangue contaminado na França.

AM: O teatro deve dar prazer, mas também tem uma função ética e pedagógica. É importante para mim. O que não significa que ele deve ser militante! Somos nós que devemos encarnar, numa forma poética, um fato presente que se refira a toda a sociedade, que pertença à história. Nesse caso do sangue contaminado, por exemplo, todas essas pessoas, todos esses babacas – médicos, ou administradores, ou executivos – que continuaram a vender o sangue enquanto sabiam que era veneno mortal, são o produto da nossa época doente de avidez e obcecada com o lucro. Arrogantes, corruptos, poderosos, cúmplices. Ai, ai... Apesar de todos os nossos gritos de alerta, dez, vinte, trinta anos depois, vejo que ainda não consegui transformar o mundo como eu acreditava que conseguiria quando era garota!

FP: Você imaginava realmente que era possível transformá-lo?

AM: Com certeza! O mundo está longe de ter acabado! Ainda acredito, aliás, que Deus nos pôs na Terra para melhorar as coisas...

FP: Que Deus?

AM: Não sei. Não um Deus todo-poderoso, mas uma essência, uma força que briga o tempo inteiro, da forma que puder, no alto e embaixo, contra as forças do mal. Ela não pôde impedir Auschwitz, mas às vezes aparece um Nelson Mandela, vencedor do *apartheid*. Não consigo imaginar um mundo sem sentido. Mas não concluo de jeito nenhum que o sofrimento possa ter sentido. Não imagino nenhuma redenção pelo sofrimento. Até a recuso, completamente. Acho que há momentos em que Deus consegue o que quer, outros, não. Talvez ele só exista na gente. Mas não consigo não acreditar em alguma coisa que nos ultrapasse.

FP: E na vida após a morte?

AM: De certa forma. Gostaria bastante que fosse como nas crenças budistas tibetanas, segundo as quais renasceríamos na criatura em que merecemos renascer.

FP: O que a fez decidir assinar, em março de 2004, o "Apelo para combater a guerra contra a inteligência" para a revista *Les Inrockuptibles*? Esse chamado, digamos... Um pouco elitista, um pouco parisiense...

AM: Hesitei durante muito tempo. Achava que eles estavam amalgamando um pouco de tudo. Para aprovarmos de verdade o texto, seria preciso trabalhar nele por três semanas, juntos. Não tínhamos tempo. Mas também era um texto de união com os pesquisadores, os médicos e os funcionários de hospital, os magistrados, os advogados, os professores... E essa união, esse impulso, são coisas que eu teria gostado tanto de ter visto no Festival de Avignon, em julho de 2003! Ah, se tivesse havido debates de verdade! Se tivéssemos sabido criar um fórum para pensar num tipo de pacto fundador entre a nossa sociedade e seus artistas, seus intelectuais! Pois, e isso é verdade, hoje há uma espécie de guerra contra o pensamento, contra a pesquisa. Então eu assinei. E, depois, fiquei bem contente que essa petição tenha deixado o governo com raiva!

FP: E o que dizer hoje, em março de 2004, das novas exigências, da retomada no combate dos intermitentes?

AM: Me coloco na posição das pessoas que chamamos de comuns, que estão na frente da televisão, no dia da cerimônia dos Césars, no dia 21 de fevereiro, e que veem artistas mais, digamos, "bem de vida" que eles, mais afortunados que eles, dizendo ao ministro da Cultura: "Pense em nós!" Como essas pessoas, que chamamos de comuns, poderiam estar de acordo e se sentirem solidárias com eles, conosco, num contexto como esse? Ao menos o apelo dos *Inrockuptibles* reunia pesquisadores, professores e funcionários de hospital e denunciava um plano geral de destruição do bem comum. É isso, eu teria preferido falar do bem comum do que da guerra contra a inteligência. A pesquisa é o bem comum, os hospitais, o ensino, a arte são o bem comum. E, no entanto, nós, os artistas, no ano passado, não soubemos passar a mensagem àqueles que deveriam ser nossos aliados: os espectadores. Estaríamos com medo de eles também nos julgarem? Estaríamos com medo de que eles nos obrigassem a prestar contas? Medo de eles nos lembrarem da precariedade em que eles também estão? Se tivéssemos dito ao ministro "Nós fazemos parte do patrimônio, devemos trabalhar para o bem comum, e quando realmente o fazemos, o Estado nos deve proteção", eu teria concordado em gênero, número e grau. Mas nós exigíamos direitos sem nunca mencionar nossos deveres. Aí está a causa, no que me diz respeito, do meu distanciamento. Acho que o diretor Patrice Chéreau está no mesmo caso.

O que estava me matando para dizer nesse verão, era:

1) Que é preciso ajudar, antes de tudo ajudar, nossa profissão a trabalhar antes de entrar no desemprego, isto é, aumentar o orçamento.

2) Que não é ilegítimo nem ilógico pensar que a cultura deveria ser subvencionada por todos os ministérios aos quais ela é incomensuravelmente útil. (É notório que nós sejamos bons para a saúde mental, preventivos contra a delinquência e a violência, eficazes contra a ignorância, portadores de uma imagem honrosa da França no exterior; somos então indispensáveis aos ministérios da Saúde, da Justiça, do Interior, da Educação, do Turismo e do Exterior, sem esquecer a Juventude e os Esportes e a Comunicação.)

3) Mas também queria dizer que, do nosso lado, não basta pretender-se artista para sê-lo, que é preciso provar e, por nossos trabalhos, merecer esse título formidável, dia após dia, ano após ano, durante a vida inteira. Sobre isso, alguns gritavam: "Mas quem tem o direito de escolher quem é artista e quem não é? Eu me proclamo, logo sou!"

4) Eu não negava a complexidade do problema dos critérios. Mas ao menos era preciso falar sobre isso. E não torná-lo um assunto proibido.

Ainda assim, não é fácil defender uma justiça sem falhas, uma exigência implacável sobre si próprio, enquanto se tem como adversário um poder tão cruamente liberal. Um Medef* que em breve vai querer retirar das fachadas o nosso lema "Liberdade, Igualdade, Fraternidade", para substituí-lo por: "Pobres, calem a boca!"

Lamento que os conflitos dos intermitentes tenham deixado tão pouco espaço a outros dramas, muito graves, como o fim do direito de asilo. Um pequeno exemplo: antes de primeiro de janeiro de 2004, assim que um menor de idade estrangeiro achasse um tutor – associação ou indivíduo – que assumisse a sua responsabilidade, era declarado francês pelo juiz. Graças a essa lei, pudemos, no Soleil, naturalizar dois jovens refugiados. Um afegão e um chinês. Mas desde o dia primeiro de janeiro essa lei acabou. Mesma regressão para o visto dos artistas estrangeiros. Antes, se eles trabalhassem regularmente na França durante três anos (o que já é difícil para um artista), tinham direito a um visto de dez anos. Agora é preciso provar cinco anos de trabalho "regular", o que é literalmente impossível.

Para falar a verdade, só reconheço um sucesso desse governo, que não é de ignorar: a baixa do número de mortos e feridos nas estradas. Por que a esquerda não conseguiu isso? Essa severidade com os motoristas assassinos, que as associações de vítimas da estrada exigiam há trinta anos, teria que partir da direita?

* Movimento das Empresas Francesas, organização criada em 1998, é a maior união de empregadores da França, que representa atualmente mais de 750 mil empresas nos setores ativos.

DÉCIMO TERCEIRO ENCONTRO

e o soleil dedica-se à tragédia grega

CARTOUCHERIE
sábado, 3 de abril de 2004, 20h

Em seu escritório-quarto, Ariane Mnouchkine está pálida. No entanto, hoje ela estava contente com a ideia de levar ao cinema, como a cada ano, os filhos dos atores da companhia. Filme escolhido para esta tarde, *Era uma vez dois irmãos,* de Jean-Jacques Annaud, no Grand Rex. Mas eis que as últimas notícias da guerra no Iraque, da profanação supermidiatizada dos corpos martirizados de quatro civis americanos a transtornam, a revoltam. Depois dessa sessão de cinema, ela voltou correndo à Cartoucherie para discutir sobre o assunto com os atores. Tarde demais, eles já estavam no palco. Antes da entrevista, Ariane Mnouchkine murmurou baixinho que estava cedendo à paranoia ambiente – "não é nem mais Shakespeare, é sangue puro"–, e isso não pode acontecer.

FABIENNE PASCAUD: E em 1990, o Soleil se dedica à tragédia grega...

ARIANE MNOUCHKINE: Tínhamos acabado de fazer dois espetáculos sobre a história próxima: *A história terrível porém inacabada de Norodom Sihanouk, A Indíada ou a Índia de seus sonhos.* Tinha, havia muito tempo, vontade de fazer um espetáculo sobre a resistência na França durante a Segunda Guerra Mundial. O assunto parecia se impor num momento em que resistir às nossas sociedades sem cérebro, ao liberalismo descabelado, era uma urgência. Mas não conseguia. Como mostrar no palco, à luz do teatro, mulheres e homens que sempre tiveram que trabalhar na sombra? Só me vinham imagens realistas, ou melhor, cinematográficas. Impossível encontrar uma forma teatral. Senti que precisava, mais uma vez, voltar à escola, como havíamos voltado à escola de Shakespeare. Mas dessa vez queria recorrer à origem das origens, aos gregos. "Vamos montar uma tragédia grega!" Mas qual? Não os "*hits*", pensava, melhor nos concentrarmos modestamente numa das peças menos famosas. De todo modo, uma tragédia grega, qualquer que seja, é uma grande obra.

Li e reli tudo. E como todos os diretores do mundo, entrei em choque diante do "*hit* dos *hits*": *Oresteia*[16]. Nessa peça, me apaixonei por Clitemnestra. Esse personagem cujo crime é imperdoável, mas, na verdade, não é incompreensível. Para justificá-la, era preciso montar *Ifigênia em Áulis*[17], de Eurípides, onde Agamêmnon sacrifica a própria filha, Ifigênia, para simplesmente atrair ventos favoráveis, e assim partir para a guerra. Então, para nós, a trilogia de Ésquilo virou uma tetralogia.

FP: Por que essa vontade de reabilitar Clitemnestra, a mãe vingativa que assassina seu marido, Agamêmnon, quando ele volta, vencedor, da Guerra de Troia? Arriscando atrair o ódio dos filhos que lhe restam: Orestes, seu filho, e Electra, sua filha.

AM: É um pouco pesado, não é? Matam sua filha, a abandonam durante vinte anos, e depois se surpreendem quando ela fica brava!

FP: Você mesma tentou interpretar Clitemnestra.

AM: Sim. Que horror! Mas isso só durou dois ou três dias! Até que os deuses do teatro nos enviaram Juliana Carneiro da Cunha, que ficaria esplêndida no papel. Eu não sou nem um pouco boa atriz. Não tenho, infelizmente, esse tipo de credibilidade. E depois, gosto sobretudo de olhar os atores, explorar através deles territórios sobre os quais eu não sei nada. Não sabia nada de tragédia antiga. Apenas que não deveria ser como aquelas a que havia assistido na minha juventude com lençóis e sapatos enormes. E vozes do além. Que tédio!

FP: No início, então, houve um desejo pelo desconhecido?

AM: Sim. Embarcar em direção a Ésquilo, ou mesmo Eurípides, era aprumar as velas para um continente muito sombrio, muito perigoso, muito longínquo, subterrâneo, do outro lado de um oceano povoado de ferocidades. Assim como Shakespeare. Quando se avança em Molière, ao contrário, caminha-se em direção a uma sociedade, uma cidade, um bairro, uma rua. Mas Ésquilo! Quinhentos anos antes de Jesus Cristo! Desde o começo dos ensaios, me perguntei o que poderia ter vontade de montar depois disso. Tudo está ali. Ele inventou o teatro, enfim, nosso teatro ocidental. Seria preciso esperar Shakespeare para enfrentar o desafio!

FP: Se dedicar à escola de Ésquilo, de Eurípides, é, de certa maneira, tentar recomeçar tudo. Temos a impressão de que você lança esse desafio a cada espetáculo.

AM: Não posso imaginar fazer isso de outra forma. Eu reaprendo a cada vez. E, a cada vez, me vejo sem saber andar. Isso me angustia muito, mas, no fundo, é o que eu quero. Acabou se tornando um método.

FP: Por quê?

AM: Preciso de aventura. E tive a sorte de achar pessoas que também precisavam. Vontade de terras desconhecidas, de selvas, de conquistas do Oeste, ou do Leste, de vigílias de armas. Durante os ensaios de *O último caravançarai*, havia frequentemente atores que dormiam, à noite, num canto da Cartoucherie, porque, tendo preparado cenas para o dia seguinte, tinham terminado muito tarde... Você não acha que seria pavoroso se não recomeçássemos a cada vez?

FP: Mas às vezes não há a vontade de descansar um pouco?

AM: No dia em que tiver vontade, vou descansar. Mas a partir desse momento não deverei mais ser patrocinada. Eu recebo dinheiro público. E ainda que ache que não recebo o suficiente, esse dinheiro não me foi dado para que eu descanse, e sim para que eu trabalhe. E para que eu faça os outros trabalhar. Para que nosso teatro forme verdadeiros atores e atrizes. E isso não se faz trabalhando apenas 35 horas por semana.

FP: Que sentimento realmente novo você teve em *Oresteia*?

AM: Me deparar com meu inconsciente, minhas pulsões. *Oresteia* revela também a chegada da justiça dos homens, o começo da democracia. Porém, mais do que o aspecto político, foi o desencadeamento da paixão que me abalou. Estava como o coro, espantada e fascinada. Doente e curada. Mesmo se o espetáculo, hoje, está muito distante para mim, me lembro que estávamos ofegantes! Quando se montam grandes peças, abre-se a caixa onde fermentam uma sensualidade, um erotismo extremamente fortes, e onde se contorcem todos os demônios.

FP: Você evocou o ar de incesto entre Clitemnestra e seu filho Orestes?

AM: Não. De guerra intestina. Entre os mais próximos: da filha com a mãe, do filho com a mãe, da mulher com o marido, do marido com a mulher. Quanto mais estão próximos, mais eles se matam. Quanto mais se amaram, mais se matam. Na verdade, esse tema é nosso tema e nos assombra desde sempre: a guerra civil, a luta fratricida, o inimigo interior, que envolve até o interior de si mesmo, a "divisão" no interior de si. Isso aparece em vários espetáculos nossos. Porque é algo de incompreensível, de inaceitável e de misterioso. Um enigma. Logo, um grande assunto no teatro.

FP: Na "tetralogia" dos *Átridas*, você mesma traduziu *Agamêmnon* e *Coéforos*, de Ésquilo.

AM: Minha ambição era fazer todas as traduções, mas não tive tempo. Felizmente, Jean Bollack traduziu lindamente *Ifigênia em Áulis* e Hélène Cixous, *Eumênides*.

Como já disse, adoro traduzir, mas não sei nada de grego. Precisava de uma tradução palavra por palavra. Por isso pedi a uma amiga, professora de grego, Claudine Bensaïd, que fizesse uma tradução palavra por palavra, isto é, escrevesse sob cada palavra grega a palavra francesa correspondente. Isso me deu uma espécie de código muito precioso, pois no começo eu precisava apenas da exatidão do sentido primeiro. Não ainda da sintaxe, nem do ritmo das palavras, nem de sua música.

FP: Nas criações do Soleil, há em geral um chamado à liberdade, à igualdade, à fraternidade que parece bem distante dos heróis trágicos, de sua alienação...

AM: Mas acho que não tem somente destino numa tragédia! Também tem escolha. E sobretudo escolhas erradas. A tragédia é: destino + escolha errada de um dos protagonistas. A tragédia é que a escolha errada de um personagem se torne a causa da tragédia de milhares de outros. Lembro do que o coro diz em *Agamêmnon*, quando conta a decisão fatídica do rei de sacrificar Ifigênia: "Ele fez a escolha errada, ele pôs a si mesmo sob o jugo da necessidade." Sem destino, aqui! Se Agamêmnon tivesse dito "dane-se" para o exército que exigia o sacrifício, nada trágico teria acontecido. A desgraça dele, talvez, e só. Mas ele tinha poder e queria conservá-lo. E Clitemnestra adivinhou; ela o leu como um livro aberto. E vinte anos depois, ela também faria a escolha errada, assassinando Agamêmnon.

FP: O que é a tragédia?

AM: Vou repetir para você, é o erro fatídico. O julgamento errado, a escolha errada. A escolha errada no encontro de dois caminhos, quando se deve escolher entre o "ruim inevitável" e o desejável perigoso.

FP: Mas se os heróis trágicos permanecem, segundo você, livres para escolher, por que Ifigênia não faz a escolha da revolta?

AM: Mas ela se revolta! Ela suplica. Ela briga com a mãe, elas lutam, ferozmente, contra o pai. Nosso espetáculo mostrava bem a batalha delas. A peça de Eurípides começa num mundo onde os seres humanos ainda são humanos. Depois, de repente, eles se tornam inumanos. Homens exigem matar uma menina e ameaçam o pai de tirar toda a sua autoridade, toda a sua glória, se ele não a sacrificar. E esse babaca obedece! Com todos os tipos de boas desculpas, a abnegação do chefe, a união dos gregos, a autoridade sobre os gregos, a solidariedade fraternal, a honra de Menelas. Já na época, a honra dos homens dependia das mulheres! Isso é muito ruim para as mulheres! Como uma peça, aparentemente tão distante, pode virar tão indispensável? Como Ulisses, nós desembarcamos na ilha e tudo é misterioso: escalada, vertigem, impasse, recuo, erro...

FP: Você tem lembranças de impasse?

AM: Oh! Ai, ai! Sim! Eu errei totalmente a cena chamada de "púrpura". Agamêmnon havia voltado da guerra quando Clitemnestra larga à sua frente todos os tesouros da casa. Por meio da adulação, ela o incita a andar sobre tudo aquilo. Agamêmnon deveria recusar. Ele não recusa, e assim peca contra os costumes, por excesso de orgulho. Nunca consegui achar a metáfora correta desse pecado de orgulho! Nós fizemos a angústia, a aversão do coro, a indignação, a reprovação, vai saber! Como o público não podia ver sobre o que Agamêmnon andava, era lamentável! Enfim, talvez não lamentável, mas não era bom.

Com o coro eu também sofri. Nós sofremos. Muito. Como encenar um coro antigo? O que é um coro antigo?

FP: Nesse novo repertório trágico, você escolhe mais uma vez a filiação oriental: da dança balinesa ao kathakali indiano. Como em Shakespeare.

AM: Eu repito que, a meu ver, um diretor deve antes dar ferramentas aos atores para evitar que sejam realistas. Um ator é um mergulhador que desce ao fundo da alma, colhe as paixões, sobe com elas, arranha, escova, talha, para fazer delas sintomas físicos. Ele metaforiza um sentimento. Só então as imagens provocam a emoção.

Mas é preciso reconhecer que se o Ocidente viu nascer os grandes textos de teatro, a arte do ator foi durante muito tempo bem mais elaborada no Oriente. Lá, tudo é mostrável, tudo é orgânico. Cada emoção, cada sensação encontra sua tradução em sintomas singulares. Os atores orientais fazem a autópsia do ser vivo como ninguém. Por exemplo: estou com raiva, minhas veias incham de ódio, eu tremo, bato os pés, fico vermelha, verde, mas não da mesma maneira se me irritar com uma criança ou com um traidor desmascarado.

Por que se privar desses admiráveis saberes, por que não usá-los, fazê-los nossos, desenvolvê-los?

FP: Voltemos ao coro antigo, que lhe causou, você disse, muito sofrimento. Por quê? Qual é ao certo sua função?

AM: Há dezenas de teorias... Na época, acho que ele relembrava os espectadores de que eles estavam no teatro. Senão eles teriam assassinado num instante os malvados! Mas o coro também é aquele que observa, compreende um pouco, ao mesmo tempo sábio e idiota, que esclarece, mas que, como nós, é impotente. E até covarde e perverso. Ele também escolhe mal, às vezes. Ele não insulta aquele que deveria insultar. É servil, e também rebelde.

Para encenar o coro, fazê-lo mexer, eu sabia somente o que não queria. Achava que os deuses do teatro nos mostrariam o coro um dia ou outro. Mas eles demoraram! Jean-Jacques Lemêtre, nosso músico, aquele que faz tanta coisa acontecer, tantas aparições, encarnações, achava, como eu, que o coro deveria ser muito musical. Nós sabíamos que ele cantava. Mas não tínhamos uma quantidade suficiente de bons cantores. "Pois eles vão dançar!" Mas como? O quê? E quando eles começariam a dançar? E onde eles parariam? Foi então que Catherine Schaub e Simon Abkarian, que, com Nirupama Nityanandan, eram os grandes iluminadores do espetáculo, se encarregaram da coreografia.

E onde estaria o coro para ver tudo o que acontecia?

Pouco a pouco, mandei erguerem paliçadas que representavam uma área de corrida quadrada. Isso deu aos atores do coro liberdade concreta. Eles tinham um reino. Quando entravam na arena os grandes felinos, ou seja, os protagonistas, o coro corria para se proteger, podia se esconder ou subir nos muros como em barricadas ou mirantes.

Mas como fazê-lo falar, para entender o que ele diz, para que ele seja verdadeiro e concreto?

FP: Como você entendeu finalmente que só o corifeu falava?

AM: Porque era feio e falso quando todo mundo falava junto! Então, cometi todos os erros: dividir o texto, dar um pedaço para cada um. Horrível!

Um dia, traduzindo, ou ensaiando, não me lembro, me lembrei que o X grego, que designava o coro, também designava o corifeu. E que, então, era provavelmente o corifeu que falava quase sempre. Sozinho. E muito raramente, talvez até nunca, o coro em coro. Que felicidade quando entendi isso! Mas que angústia em seguida, pois se só um falava, isso queria dizer que os outros doze ficavam calados!

Confesso que recuei durante um momento diante dessa evidência: quem devia falar era o corifeu, e só ele. E então, um dia, desabafei. Enorme frustração de alguns. Raiva de minha parte. Não aguentei ver alguns atores, que nem estavam entre os melhores, fazerem pirraça. Crise. Você não quer falar disso de novo?!

FP: Não, não dessa vez, eu te poupo, imagino bem a coisa... A direção de atores é diferente numa tragédia?

AM: Um bom ator pode fazer um monte de coisas, mas não necessariamente uma tragédia. Antes de montar *Os Átridas*, me recusava a admitir esse limite. Como eles tinham progredido, achava – já que eles haviam subido montanhas bastante íngremes – que os atores do Soleil estavam prontos para escalar o Himalaia – como o escalavam de forma esplêndida Simon Abkarian, Nirupama Nityanandan, Juliana Carneiro da Cunha e Catherine Schaub. Mas não! Os que não conseguiam, não conseguiam; e ficavam com raiva de mim, cada dia um pouco mais, por não conseguir levá-los até lá em cima, aonde eles queriam tanto chegar. Eu os entendo. Não ver, não admitir os limites de um ator, é um erro terrível que um diretor não deve cometer. O que é um ator de tragédia, uma atriz de tragédia? É aquele ou aquela que nunca sucumbe ao peso, a esse *suposto* peso do trágico. Como Ifigênia, que é capaz de dançar logo antes de morrer. Que *deve* dançar antes de morrer.

FP: Você reconhece às vezes dar grandes furos em matéria de direção de atores?

AM: Você faria essa pergunta, dessa maneira, a Peter Brook ou a Peter Stein ou a Peter Kekshaws? Sim, eu cometo erros. Espero sempre que o amor do teatro cure tudo. Mas nem todo mundo se cura.

FP: O que lhe deu a ideia desse famoso espaço de corrida dos *Átridas*?

AM: Nós havíamos começado, como sempre, com nada. O espaço vazio. De todo modo, no começo, nunca precisamos de nada. Mas em um momento senti que era preciso proteger o coro desses personagens sangrentos, desses animais ferozes.

FP: Às vezes é uma "iluminação" que define tudo?

AM: Tudo vem dos atores, de suas necessidades, de suas verdadeiras necessidades; de suas visões, e das minhas. Encontrar, oferecer as ferramentas necessárias para eles. Só que isso pede tempo. Se eu viesse e dissesse "Você, entra à esquerda, você faz isso etc...", iria mais rápido. Mas isso pertenceria menos aos atores. Eles seriam menos verdadeiros, menos emocionantes, menos encarnados.

De toda maneira, o tema da *Oresteia*, para uma companhia de teatro, é terrível de aguentar. Aparecem ao longo da trilogia o assassinato, a vingança, as imprecações, as escolhas erradas: glória, poder...

No teatro, há uma parte de feitiçaria: em cada um dos intérpretes revolve sorrateiramente sua parte de Orestes, de Clitemnestra, de Agamêmnon. E se eles têm a energia de crer no incrível, se o corpo deles toma a forma de um outro, o ritmo de um outro, é muito perigoso, para todo mundo, cruzar esses monstros. E se a gente não sentir medo, quando Clitemnestra argumenta e suplica a Agamêmnon para não matar Ifigênia, se não acreditar em momento nenhum que Agamêmnon pode ceder, se não esperar isso até o último instante, se a gente não acreditar nisso, então não é teatro. Às vezes, antes da representação, nós nos dizíamos: "Essa noite, Ifigênia não deve morrer!"

FP: A morte te dá medo?

AM: Para as pessoas que eu amo, sim, terrivelmente. Tenho medo do sofrimento e da separação. Tenho um medo enorme da morte dos outros. Nem quero imaginá-la. Por egoísmo, sem dúvida... Para mim, nem um pouco. Tenho até uma certa curiosidade. Espero somente que não vá doer muito. Como todo mundo, queria ter uma morte que não doesse muito... E não queria morrer de velhice, mas de cansaço, de exaustão. Morrer de ter feito muito. Benfeito.

I would rather be ashes than dust!
I would rather that my spark should burn out
In a brilliant blaze than it should be stifled by dry-rot.
I would rather be a superb meteor, every atom
Of me in magnificent glow, than a sleepy and permanent planet.
The function of man is to live, not to exist.
I shall not waste my days trying to prolong them.
I shall use my time.

Prefiro ser cinzas do que pó!
Prefiro ser um soberbo meteoro, todo átomo
em magnífica explosão, do que um planeta eternamente adormecido.
A verdadeira função do homem é viver, e não apenas existir.
Não gastarei meu tempo tentando prolongar esse tempo,
Usarei esse tempo, todo o tempo, para viver

Jack LONDON

DÉCIMO QUARTO ENCONTRO

deus está nos detalhes

CARTOUCHERIE
quarta-feira, 28 de abril de 2004, 8h45

Entro na cozinha, epicentro do Soleil, sempre deliciosamente cheirosa. Nessa manhã, cheiro bom de café. Muitos já se apressaram para cá, atores, técnicos. Todos se cumprimentando com essa gentileza, esse respeito ao outro que só pertence ao Soleil, e que aquece a alma. Um gato preto salta de mesa em mesa. Ariane Mnouchkine já está terminando uma reunião e me faz sinal para esperar alguns minutos na grande sala de jantar ao lado. Todo mundo está lá, em pé, em volta dela, escutando-a sem piscar. Ela resolve algumas questões técnicas com sua voz forte, musical e decidida.

FABIENNE PASCAUD: Você lembra frequentemente as leis do Théâtre du Soleil. Quais são elas?

ARIANE MNOUCHKINE: Sempre lembrar que nós usamos dinheiro público, e sempre ter respeito por esse dinheiro. Isso não quer dizer apenas evitar os desperdícios, apagar a luz etc. Infelizmente, é preciso repetir isso todo santo dia! São raras as pequenas ou médias empresas que recebem do Estado, a cada ano, 1 174 000 euros, que pagam quatro meses de salário sobre doze a 75 operários. Nós recebemos uma subvenção anual de 1 174 000 euros. E mesmo que não seja suficiente – nós não recebemos aumento desde 2000 –, ela vem do Estado, do dinheiro público, logo, dos cidadãos, inclusive de alguns que nunca vão ao teatro! Então, se um assalariado do Soleil, eu ou qualquer outro, chega atrasado, ou não trabalha o bastante, é às custas da "comunidade nacional". Pensar nisso, pensar sinceramente, nos leva necessariamente a criar obrigações. Os jovens atores que chegam hoje em dia no Soleil aceitam essas obrigações. Há vinte anos, eles entravam aqui todo dia sem saber o que os aguardava. Agora, eles também entram por causa da lei.

FP: E as outras leis?

AM: Fazer de tudo para que o absolutamente necessário no trabalho artístico esteja presente. O espaço. O tempo. Sobretudo o tempo. Um telhado. Um pouco de aquecimento. Luz. O salário sobre o qual falávamos. E muita, muita afeição, amizade, amor, desejo. O entusiasmo. Servir ao teatro! Cada um deve poder dar o melhor de si. Para isso, ainda é preciso deixá-lo dar o melhor de si. Às vezes, é cruel. Um novato, que acabou de chegar, às vezes tem uma graça que um de seus veteranos parece ter perdido, no momento. Não importa. Sempre lembrar que ninguém nos obriga a fazer esse trabalho.

FP: Esse dinheiro público te obriga a fazer teatro "popular", termo hoje em dia tão depreciado?

AM: Mas eu reivindico esse termo. E, se tivesse o direito – mas não me dou esse direito, que pertence a Vilar –, eu o ostentaria sobre nossos painéis: "Teatro Popular." Não "Teatro Nacional Popular", apenas "Teatro Popular". Isto é, belo, legível, emocionante, que ensina e conta coisas importantes. O mais belo para todos!

FP: Como se entra no Soleil?

AM: Geralmente, as pessoas fazem um estágio. Mas o estágio não é feito para contratar ou ser contratado. Apenas para trabalhar. Como passar? Não sei. Será que temos vontade de passar um longo momento de nossa existência com essa pessoa? Ela tem imaginação? No palco e na vida? Humor? E coração, olhar, escuta, um mínimo de civilidade? Vamos poder suportar comer durante anos na frente dela? Ela é febril, abalável, abalada ou já "cimentada"? Ela tem vontade de aprender? Aventureira? Corajosa? Alegre? Tem algum território novo para oferecer? Terá ela, um dia, um mundo a oferecer ao teatro?

FP: Como acontecem os estágios no Théâtre du Soleil? Desde quando eles existem?

AM: Nós começamos com os Shakespeare, e organizamos uma dúzia desde 1979. Mas esses estágios gratuitos custam caro para nós.

FP: Por que gratuitos?

AM: Primeiro, a gratuidade me dá o direito de mandar pastar os estagiários a quem eu não posso oferecer nada, ou que se comportam mal. Pois, nesse caso, também há leis: é proibido fumar, tem que chegar na hora, ser educado, não ficar disputando a atenção, ajudar uns aos outros e procurar o teatro com toda a alma, todas as forças. Sem se chatear, nem fazer pirraça se durante muito tempo, oh, tanto tempo, ele se recusar a aparecer.

Depois, a gratuidade é uma novidade para eles. Em outros lugares, muitas vezes pegam deles todo o dinheiro que conseguem. Aqui, eles sabem que é um presente da coletividade, de um lado, e do Théâtre du Soleil, do outro. Pois ter esse espaço maravilhoso, subvencionado em parte pelo Estado, nos impõe deveres. Imagine, se todos os teatros fizessem isso, em quantos lugares os atores poderiam trabalhar, treinar! O que é que impede a Comédie-Française, ou tantos outros estabelecimentos poderosos, de fazer um grande estágio gratuito por ano?

FP: Mas esses estágios não poderiam multiplicar demais a vontade de fazer teatro, enquanto a oferta de trabalho é necessariamente reduzida?

AM: Se os que têm esse desejo se revelarem verdadeiros atores, não tenho nada contra. Mas é uma profissão terrível, cheia de dúvidas, buracos negros e renúncias. Era preciso escrever para os atores e diretores, em todas as portas de salas de ensaios: "Se você tem medo de sofrer, não entre." Aliás, sempre começo um estágio com estas palavras: "Isso não é um estágio de incentivo!"

FP: Quanto tempo dura um estágio?

AM: No mínimo duas semanas, o que implica dois meses de organização. É por isso que não os faço tão frequentemente. Primeiro, convocamos os 1500 a dois mil candidatos que nos escreveram. Eu encontro cada um deles, com a ajuda dos atores, de Duccio, Juliana, Delphine, Maurice, Maitreyi, e escolho... mais do que deveria! Impossível ser implacável ou totalmente justa quando se trata de um estágio. Posso sentir demais o desejo e a necessidade deles.

FP: Você dá um tema de trabalho, no começo?

AM: Só para dizer que tem um tema. A guerra, a viagem, o exílio, o teatro! Um concurso de teatro em Veneza no século XVII. Improvisamos. Se o estágio foi esplêndido, guardo uma pequena parte deles, a *crème de la crème*, para mais alguns dias, e então às vezes trabalhamos textos clássicos: Marivaux, Shakespeare, Molière...

FP: O que você tenta incutir nesses estágios, em que dizem que você começa cada manhã com estas palavras: "Quem quer fazer um pouco de teatro comigo?"

AM: Não cada manhã! O que nós tentamos ensinar? Que não existem receitas e sim leis. Escutar – tudo vem do outro –, receber antes de fazer o que quer que seja, aliás, nunca fazer nada, nunca inventar nada.

E algumas regras muito simples. Por exemplo: dar uma alma inteira a um personagem, que seja Einstein, Desdêmona, um bebezão ou a rainha da Inglaterra, não amassar irremediavelmente a página antes de entrar no palco, não criar preconceitos com um personagem. Não compor, e sim desdobrar cada paixão, buscar o pequeno para encontrar o grande: Deus está nos detalhes.* Encontrar o estado, o sentimento, como dizia Jouvet. Escutar as novidades vindas do interior de si mesmo, como dizia Ésquilo. Escutar as novidades vindas do interior do outro. Não enfeitar. Saber que não há movimento sem pausa, ir de uma imobilidade a outra, como os dançarinos que param, até mesmo no ar, olhem para eles! Não há música sem silêncio. Nem força sem calma. Nem oceano que não seja limitado por uma margem. Escutar. Tudo é verdadeiro, tudo acontece no instante, nunca mais tarde, nunca antes. Atuar no presente, uma coisa de cada vez. Esquecer completamente o estado anterior para poder atuar no presente. Escutar. Saber abandonar, se abandonar à versatilidade dos estados. Escutar. Ver o que acontece em si, com certeza, mas também se ver na história, nunca deixar a imaginação fechar as portas. O bom estágio é aquele no qual nós todos descobrimos, ouvimos o que, desde sempre, estava aqui. Disfarçado pelo tumulto.

E, é claro, disciplina, trabalho, economia, sem avareza. A economia é não fazer o que é inútil como deslocamento, gesto ou palavras. A avareza é se contentar com um vazio seco, não fazer o esforço para achar no interior de si mesmo esse vazio fértil, cheio de virtualidades.

FP: Como conseguir esse vazio?

AM: Através do esquecimento de si. Colocar de lado um pedaço de si próprio. Alguns podem, outros não. As ferramentas: a máscara, as marionetes ajudam.

---

* Citação atribuída a Flaubert.

FP: Como nos suntuosos *Tambores no dique* que você encenou em 1999, sobre um texto de Hélène Cixous: *Peça antiga para marionetes interpretada por atores* [Pièce ancienne pour marionnettes jouée par des acteurs], dizia o subtítulo do espetáculo. Os atores dessa vez tinham exatamente o papel de marionetes, eram manipulados por homens vestidos de preto...

AM: O tema do espetáculo tinha vindo de inundações recentes, porém habituais, na China. Como havia acontecido algumas vezes, o Exército chinês havia destruído os diques para salvar uma cidade, só que dessa vez sem avisar. Os camponeses das vizinhanças, achando que o Exército estava lá para reforçar as barragens, não tomaram as precauções necessárias e foram levados pelas águas!

Quem escolher, quem sacrificar e em nome de quê: citadinos ou camponeses? Falei disso com Hélène e, como referência, dei a ideia de um velho manuscrito chinês, do século XIV, do famoso poeta Si Xouh. Manuscrito encontrado milagrosamente em Moscou e que trata desse assunto... E, como de costume, procurei uma ferramenta para os atores se salvarem, nos salvarem, do psicologismo, do realismo, do naturalismo.

Às vezes, caio logo na ferramenta certa. Nem sempre. Para *Tambores*, desde o primeiro dia, dei as marionetes, as mesmas que os atores chineses e japoneses mais antigos estudariam, para não dizer copiariam, pois eles sabiam bem que precisavam transfigurar o real. Mas dar marionetes como papel aos atores... Não tinha certeza de que elas ficariam. Mas não somente elas ficaram, como, graças à audácia de alguns, como Duccio Bellugi e seu "manipulador" Vincent Mangado, graças também à coragem física de todos, nós amplificamos e radicalizamos rapidamente essa forma.

FP: Quando você sabe que uma ferramenta é certa?

AM: Quando ela entusiasma e inspira os atores e atrizes-locomotivas, os iluminadores, aqueles que levam o espetáculo! Mas essa mesma ferramenta prejudica alguns outros. Essa é a crueldade.

FP: E como você vive, pessoalmente, com esses sacrifícios?

AM: Nada bem. Mas não contesto mais. Alguns se recusam a admitir que não estão à altura, não entendem a lição, vão embora, e é melhor assim. Mas outros, que fizeram coisas magníficas em espetáculos precedentes, às vezes desistem. De repente. Isso eu não suporto bem! Rolo no chão, tento explicar que isso pode acontecer, que não é preciso ir embora por causa disso! Os que me ouvem continuam no espetáculo, passam para a equipe técnica ou ajudam Jean-Jacques na música, e aprendem. Esses, geralmente, nos alcançam logo no episódio seguinte.

FP: É possível progredir?

AM: Claro que é possível! É necessário!

FP: *Tambores no dique* era uma grande prova física para os atores?

AM: Sim. Tinham que passar de uma imobilidade a outra sempre com deslocamentos oblíquos, para dar a impressão de que estavam flutuando sobre a terra, de que estavam voando.

Às vezes, eles não aguentavam mais. Mas por isso conseguiam esquecer deles mesmos, e logo ter prazer. Pois se trata de um prazer sublime, mesmo assim!

FP: Você consegue esquecer de si mesma facilmente?

AM: Durante os ensaios, sim! Se não me esquecesse, seria uma pena, com tudo que eu recebo.

FP: Voltemos aos estágios. É assim que você escolhe os atores do Soleil?

AM: A maioria dos atores atuais, sim.

FP: E como pede a lenda do Théâtre du Soleil, eles sempre participam, revezadamente, em muitas tarefas de rotina: cozinha, faxina, limpeza dos chuveiros, dos banheiros...

AM: Claro!

FP: Com alegria?

AM: Nem sempre. Principalmente para a faxina. Em alguns momentos fazemos isso com entusiasmo, em outros, nem um pouco. Mas se não fizermos, quem vai fazer?

FP: Alguns atores poderiam dizer: sou um artista, estou perdendo meu tempo fazendo tarefas primárias enquanto deveria estar lendo, aprendendo para interpretar meu personagem, descansando para me concentrar. O que você responderia?

AM: Putz! Primeiro! Antes de tudo, não precisa exagerar, aqui não é Sing-Sing! E depois, os membros do Soleil vão ganhando direitos, não pedimos a mesma coisa a alguém de sessenta ou vinte anos. Pouco a pouco, quando alguém está aqui há mais de vinte anos, cansado, pode ganhar pequenos privilégios, alguns passes livres pelo menos! Mas não imagino um homem ou uma mulher de teatro que não assumiria esse filho! O teatro é um barco, e um ator não é um passageiro nesse barco. Ele faz parte da equipe. Os passageiros são os espectadores!

FP: Um dia típico do Soleil durante os ensaios?

AM: No momento crucial? Em média? Das 8h30 às 20h30. A gente sempre deixa um mínimo de doze horas de pausa, salvo muito raras exceções. Fazemos primeiro quatro dias de doze horas, depois cinco dias, um pouco menos longos. Ponto. Os atores se preparam de manhã, reuniões, figurinos, maquiagens etc. Começamos o trabalho de ensaios às 14 horas.

FP: E durante as representações?

AM: Os atores chegam às 15 horas, para fazer a faxina, se aquecer, treinar até a entrada do público, às 18h30. O espetáculo começa às

19h30, termina pelas 22h30. Mas tem também as integrais! Sábado e domingo. Nesses dias, nós estamos no teatro das nove às vinte horas.

FP: O ator mais velho tem que idade?

AM: Cinquenta e cinco anos. Alguns estão há quinze, vinte anos no Soleil, alguns antigos voltam. Não sou a única a garantir a transmissão.

FP: A companhia rejuvenesceu?

AM: Ela sempre foi jovem! Felizmente, senão eles teriam todos a minha idade, 65 anos, e encenaríamos *Les Burgraves*!* Agora, tem uma boa média de idade. Eu sou a mais velha!

FP: Quantas nacionalidades diferentes há no Soleil? Parece que tem cada vez mais atores dos quatro cantos do mundo.

AM: Nesse momento, falam-se 22 línguas, e há 35 nacionalidades... É claro, o tema de *O último caravançarai* também ajudou. Mas desde *1789*, em 1970, começamos a trabalhar com atores vindos de todos os lugares. É impossível querer se interessar pelo mundo, pela história, e não ficar curioso com as tradições, com a cultura do outro. Mas tem uma lei, que é de falar francês. Mesmo os estrangeiros, entre eles, quando vejo que começam a falar na língua deles durante o trabalho, reclamo.

Essas misturas, essas vozes, esses sotaques criam uma música no palco. Se eu brinco com ela? De qualquer forma, ela é indispensável para mim. Às vezes, chego a dizer: "Cuidado, está muito franco-francês." Ou: "Não atue à francesa." Atuar à francesa é querer parecer mais inteligente do que seu parceiro. Porém, é preciso ousar parecer bobo, em cena, para ser verdadeiro. Então, não imagino mais o Théâtre du Soleil sem esses sotaques misturados.

---

* *Os Burgraves* é um drama sombrio, última peça de teatro escrita por Victor Hugo, em 1843, cujos personagens principais são velhos ilustres.

E depois, não pedimos passaportes aos que chegam aqui. Também há franceses no Soleil! Muitos!

FP: Você precisa dessa mestiçagem?

AM: Preciso dessa riqueza. Não gosto do termo "mestiçagem", que se usa em qualquer ocasião. Vejo uma sopa onde todo mundo ficou igual! O que eu gosto é da Arca. Hoje, mais do que nunca, o Soleil é uma pequena arca.

FP: Onde vocês são cada vez mais numerosos...

AM: Sim. É um risco. Nós éramos cinquenta em 1970, no momento de *1789*. Somos 75 assalariados hoje, dos quais metade são atores. Me dizem que é demais.

Para *O último caravançarai*, pressentia que precisaria de muita gente.

Minha tendência era dizer: "Vamos lá! Onde cabem dez, cabem vinte!" Mas onde cabem sessenta, nem sempre cabem oitenta! Financeiramente, nossa massa salarial de 2 455 000 euros está 20% acima de nossas possibilidades razoáveis. Mas será que temos que ser sempre razoáveis?

Nossos lucros são integralmente destinados aos salários e às contas. Resultado paradoxal: representar numa sala ultracheia nos custa dinheiro. Nós não somos os únicos, no entanto, a conhecer esse paradoxo.

FP: Os salários do Soleil são, no entanto, modestos: 1 677 euros líquidos para todo mundo, você inclusive, e 1 296 euros para os novos recrutas. Mas esse salário igual para todos, paradoxalmente, não seria injusto? Que um ator de cinquenta anos, ou seu administrador, ou responsável pela comunicação, presentes há vinte anos, ganhem a mesma coisa que um ator ou um cozinheiro de vinte anos?

AM: Como tratar o antigo? De outra forma. Como eu dizia, os antigos têm pequenos privilégios. Nós os dispensamos das tarefas duras. Em turnê, eles ganham mais facilmente quartos sozinhos no hotel. Houve até longas viagens de avião em que os mais velhos ganharam lugares na classe executiva.

FP: Mas vocês não estão sempre em turnê...

AM: Tudo bem, é injusto, é verdade! Mas é o menos injusto. Assim como a democracia é o menos pior dos sistemas. E tenho certeza de que nem os membros da companhia que são "vítimas" dessa igualdade aceitariam que abandonássemos esse princípio. A igualdade dos salários é a condição da igualdade das responsabilidades. No Soleil, são muito poucos os que não têm responsabilidades – mas ainda assim há alguns!

FP: Mas aceitar responsabilidades, isto é, complicar a própria vida, não lhes traz um euro a mais? Você faz uma aposta utópica na natureza humana! Ou então trabalha com santos!

AM: Sim, é uma utopia. Sim, fiz uma aposta, mas precisamos de apostas desse tipo. E mesmo se o Soleil desaparecer amanhã, terá durado quarenta anos. Você conhece muitas companhias que duraram quarenta anos? Uma utopia que dura quarenta anos já é uma realidade, não?

FP: E se um ator em plena maturidade artística abandonar a companhia por não ser bem pago?

AM: Isso já aconteceu, admito. Mas, nesse caso, não se trata da igualdade dos salários, e sim da insuficiência dos salários. Não subestimemos as pessoas. Os atores não vão embora porque têm um salário igual e sim porque não querem mais ter um salário tão baixo!

Eu nunca disse que os que trabalhavam aqui não poderiam ganhar melhor suas vidas em outro lugar.

FP: Na verdade, o único luxo, no seu trabalho, é o tempo: poder ensaiar até oito meses um espetáculo!

AM: Sim. Enfim, é o luxo que nós nos damos. O tempo. É preciso tempo para que a verdade, a simplicidade ganhem corpo. É preciso tempo para abandonar as ideias ruins – e Deus sabe quantas há –, fazer faxina, tirar as decorações etc.

FP: Você parece, ainda assim, se recusar a encarar os problemas de dinheiro. Como se isso não contasse de verdade. Aliás, você não hesitou, eu acho, em vender sua antiga casa em Chatou, perto de Paris, para cobrir as dívidas do Théâtre du Soleil.

AM: Não foi só por isso que vendi minha casa! Mas é verdade que o dinheiro da casa foi para o Soleil durante um tempo. Alguns anos depois, puderam me reembolsar, e eu comprei a casa em que moro hoje. Você realmente acha que as pessoas vão se interessar por isso?

FP: Sim. Que você seja capaz de fazer sacrifícios pessoais para manter a companhia viva; que isso não pese para você...

AM: Mas não são sacrifícios! Eu pagaria para ter esse trabalho! Então, de certo modo, estou pagando! E estou feliz de viver num país que não é o último dos países, onde os deuses do teatro quiseram nos presentear com a Cartoucherie, nossa casa magnífica. Não é porque estamos perdendo um pouco os dentes, ou que não temos sempre o mesmo sucesso, que temos que reclamar! Fiz exatamente o que eu queria, do jeito que queria e sobretudo com quem eu queria! Claro, tive mágoas. Pessoas foram embora, com quem eu achei que trabalharia pelo resto da vida. Mas imaginar que a partida delas foi só por causa de falta de dinheiro seria insultá-las! Prefiro pensar que elas tinham outros sonhos. Como criticá-las por quererem algo maior, mais variado, mais bem-dirigido talvez? Posso ser ciumenta, sou ciumenta, mas não posso ficar com raiva delas. As pessoas saem do Soleil quando ele não é mais suficiente. Com razão ou não, já é outra história.

FP: Nenhum arrependimento?

AM: Não, nenhum. Nós estamos aqui, em pleno Bois de Vincennes, que é esplêndido. As pessoas gastam muita energia reclamando em vez de agir. Mas eu vou exigir – é outra coisa – vou exigir!

E antes disso repetir que, se a esquerda, em sua chegada ao poder em 1981, não tivesse dobrado nossa subvenção, nós provavelmente não existiríamos mais. Repito isso porque diz-se muito frequentemente: a direita, a esquerda, é tudo igual. Não, não é igual.

DÉCIMO QUINTO ENCONTRO

o soleil faz quarenta anos

CARTOUCHERIE
domingo, 23 de maio de 2004, 19h

Dentro de seis dias, no dia 29 de maio, o Théâtre du Soleil completará quarenta anos. Mas Ariane Mnouchkine não se lembra mais exatamente da data. Hoje, no fim da tarde, ela organizou um brinde entre amigos na Cartoucherie. Não uma festança. Um dos membros do Soleil acaba de morrer; era cambojano, tinha conhecido o inferno dos Khmers vermelhos. A trupe está triste. Mas Simon Abkarian está aqui e Myriam Azencot, Juliana Carneiro da Cunha e o cenógrafo Guy-Claude François, a fotógrafa Martine Franck... Ariane, muito emocionada, murmura algumas palavras para agradecer a todos por terem dividido com ela a aventura de sua vida, que passou como um raio, diz. Ela também convidou alguns jovens atores sírios, atualmente em estágio no Soleil. Somente os mais fiéis dos fiéis estão aqui; neste pequeno escritório onde se empilham livros, cartazes, programas, na entrada da esquerda da Cartoucherie.

FABIENNE PASCAUD: Ter encontrado este lugar mágico, a Cartoucherie, em 1970, não foi uma imensa vantagem para o Théâtre du Soleil?

ARIANE MNOUCHKINE: Um milagre! A Cartoucherie é uma das grandes bênçãos do Théâtre du Soleil! Originalmente, esse lugar foi construído por Napoleão III para fabricar cartuchos para munição. É um lugar propício para criação, ao mesmo tempo imenso e não imenso demais; um pouco longe, mas não muito. Podemos nos preservar dos barulhos, verdadeiros ou falsos. E ver o céu todo dia, e os pássaros que passam, partem para a África, voltam. Muita gente também veio aqui procurar um refúgio.

FP: Como você descobriu este lugar?

AM: Em agosto de 1970, o arquiteto Christian Dupavillon, apaixonado por tudo o que é patrimônio arquitetônico, me informou que Michel Debré, ministro da Defesa nacional, estava devolvendo alguns bens do Exército a seus antigos proprietários. Entre eles, a Cartoucherie de Vincennes à cidade de Paris. Christian foi então o primeiro a ter pronunciado essa palavra mágica, "Cartoucherie".

Fui visitar o lugar. Milagre! Era mais do que poderíamos ter sonhado. Muito mais. Um soldado varria o chão. Era o último. Era ele quem fecharia as portas. Liguei para os outros. E... nós invadimos.

Corri ao Hôtel de Ville para falar com a sra. Janine Alexandre-Debray, administradora-geral do Conselho de Paris. Expliquei o assunto e pedi a autorização para nos instalar legalmente em nosso reino, já conquistado na prática: "Mas minha pobrezinha, não tenho poder nenhum! Enfim, vamos ver." Pegou uma folha com uma pequena bandeira azul, vermelha e branca em cima: "Autorizo madame Ariane Mnouchkine a usar a Cartoucherie para seus ensaios", e me confirmou que aquilo não valia nada, mas que se eu mostrasse segurança ao apresentar o papel, talvez pudesse impressionar as pessoas.

Nós nos instalamos, então, sem nenhuma real autorização nos locais vazios. Na época, ainda não havia prefeito de Paris. Havia um síndico. Uma verdadeira máfia. Assim que chegavam pessoas em carros grandes, que vinham com projetos de destruir tudo, eu balançava meu papelzinho com a bandeira azul, branca e vermelha. "Não, não, estamos ensaiando! Olhem, aqui está meu papel, é a autorização da Administração!" Confusos, os carros iam embora. Logo em seguida nós pagamos os aluguéis a um procurador, para mostrar que queríamos ficar ali legalmente; e bem mais tarde, anos mais tarde, depois de muitas ameaças de expulsão, conseguimos um aluguel oficial de três anos pelo preço modesto de 1 500 francos por trimestre! Depois de nós, veio Jean-Marie Serreau[18], que infelizmente morreu pouco depois. Depois surgiu o Théâtre de l'Épée de Bois. Jean-Louis Barrault[19] escolheu um hangar. O Théâtre du Chaudron nasceu; e o pintor Jean Dubuffet, que eu achei muito pouco simpático, arrumou aqui um ateliê de escultura onde fazia trabalhar seus assistentes. Depois, o Théâtre de L'Aquarium.

FP: O que você achou da Cartoucherie em sua primeira visita?

AM: Achei de uma familiaridade grandiosa! De uma humildade majestosa! Como nós chegamos antes dos outros, pude escolher o ateliê mais espaçoso com uma nave dupla, separada por colunas. Gostei de cara dessa casa imensa sem muito conforto, sem muitas divisórias. Ao longo dos anos, fizemos algumas divisórias. A cozinha e sua despensa na frente, para os mantimentos; no fundo, um local para a eletricidade. E o caldeirão. Ou seja, tudo que diz respeito a segurança e higiene. Numa parte que já existia, instalamos os banheiros, e na frente, mais tarde, os chuveiros. Fora isso, todas as salas são abertas.

FP: Com um gosto monástico pela ausência de conforto...

AM: Ausência de conforto? Não. Algumas coisas são necessárias. Tem que ser confortável para o público. E para nós tem que ser prático, protetor e agradável. Mas não preciso de um teatro que pareça um grande hotel. Isso enrijece. E depois, o conforto tem tendência a subir à cabeça.

FP: Você é uma das primeiras, na França, a trabalhar em grandes espaços. Na época, a maioria das companhias de teatro ainda não se preocupava com isso. Por que essa vontade?

AM: Era uma vontade de ter uma assembleia, um lugar de culto, de comunhões, de visões, de sonhos coletivos, de projetos coletivos. No começo, não pensávamos em nos apresentar aqui, no fundo dos bosques. Mas depois de ter encenado *1789* no Piccolo Teatro de Milão, graças a Paolo Grassi[20], na volta, não recebemos convite em lugar nenhum! Então decidimos arrumar a sala para o público, urgentemente. Três semanas!

Era espartano. Nas nossas primeiras apresentações, em dezembro, fazia um frio polar na sala. E o exterior era um grande terreno vago e lamacento. Me lembro de um senhor muito elegante, chegando ao espetáculo e se desculpando para sua companheira: "Minha querida, que buraco o lugar em que eu te trouxe!"

FP: A arquitetura da própria Cartoucherie influenciou a concepção dos espetáculos?

AM: Sim. Com seus limites. Um pé-direito que não é assim tão alto, e que nos fez criar, desde o segundo espetáculo, *1793*, uma iluminação que nos dá mais céu, mais altura.

FP: Comparado com *1789*, *1793*, *A era de ouro* ou *Mefisto* – há mais de trinta anos –, o espaço cênico de suas últimas criações é menos confuso, menos inventivo, mais frontal. Esse trabalho de direção teria passado a interessá-la menos?

AM: É verdade que, por enquanto, não sinto mais a necessidade de arrastar as pessoas de lá para cá e daqui para lá. O espetáculo já os arrasta o bastante por dentro, eu acho. Os espaços múltiplos são pulsões de juventude às quais é preciso obedecer. Mas quando a gente amadurece, tem vontade de aprofundar, de concentrar, de focalizar, de enquadrar.

FP: Uma lembrança marcante a respeito do Théâtre du Soleil é também a dezena de espetáculos-monólogos que – com imenso sucesso público – Philippe Caubère, antigo ator da companhia, criou, baseado em sua experiência. Você se reconheceu no retrato de ogra que ele fez de você?

AM: Não fui ver esses espetáculos. Não queria me chatear. Alguns me disseram que era um espetáculo de amor, outros não tinham o mesmo sentimento, então achei melhor me distanciar.

FP: A imagem que se destaca é a de uma mãe tirânica. Você acha que se parece com uma, há mais de quarenta anos?

AM: Não vou responder à parte machista da sua pergunta. Quanto à mãe, acho, primeiro, que é comum que um grupo tenha uma estrutura maternal. Mesmo quando é um homem quem dirige.

E depois, o que isso muda para você? De qualquer forma, existe uma curiosa mistura. Em relação a alguns, me sinto maternal, e no entanto, no final de alguns anos de presença, nem trinta anos de diferença importam mais. Falo com um homem ou uma mulher de trinta anos igual falaria com meu irmão, com minha irmã. Os problemas, as dúvidas, as angústias, as tristezas, tudo se compartilha quando a experiência vivida é a mesma durante mais de três, quatro, dez anos.

FP: Quarenta anos depois, você ainda está visceralmente ligada ao Soleil?

AM: Temos aqui alguns princípios importantes para mim; quando eles não forem mais aceitos, mesmo se eu gritar, esbravejar, não vou poder mais fazer nada. Então vou embora. Não sou prisioneira. Se tivesse na minha frente, em vez de meus amigos muito queridos, aqui há muito tempo, e de alguns novos jovens iluminados e entusiasmados, um universo como às vezes suspeito que seja em outros lugares, um mundo de secura e de horários, eu iria embora!

Minha única arma é a renúncia, sempre possível. Mas se eu for embora um dia, é porque vou ter pensado: o Soleil existe há quarenta anos, hoje não tenho mais a força para que ele esteja todos os dias subindo a ladeira. Pois todos nós temos uma ladeira e, toda manhã, temos que decidir: será que estou subindo ou descendo? Alguém que dirige, é alguém que deve se virar para sempre fazer com que todos subam a ladeira. E também é alguém que une. E, até agora, acho que soube unir.

FP: Unir em torno de quê?

AM: Do teatro. Da utilidade do teatro. Da utilidade civilizadora do teatro. Do poder educativo do teatro. Do poder alimentador do teatro. Do poder progressista do teatro. Ainda que ele seja frágil. Temos que resistir ao diabo. E às vezes ser impopular. O diabo quer dizer divisão. É a etimologia da palavra diabo: aquele que faz dois, onde antes havia um só. Às vezes é melhor unir contra si do que desunir. Essa coragem é necessária.

FP: Isso aconteceu com você?

AM: Não de propósito! Mas acontece às vezes. Ao menos, eles ficaram unidos!

FP: Isso é uma prova de coragem ou de abnegação, de devoção absoluta?

AM: Mas eu nunca tive a impressão de ser "devota"! Sim de viver uma aventura extraordinária. Uma companhia de teatro é uma das últimas aventuras humanas que ainda podemos viver. É como uma grande expedição exploradora, no século XVIII ou XIX. Não digo que não é cansativo. É muito cansativo. Como toda aventura.

FP: Retrospectivamente, já que hoje você está comemorando entre amigos: como passaram esses quarenta anos no Soleil?

AM: Como um raio!

FP: Eu evoquei, com o risco de te chatear, senti, Philippe Caubère... Dos atores que já foram embora do Soleil, quais deixaram mais lembranças?

AM: Corro o risco de chatear alguém se nomear, com certeza injustamente, tal pessoa ou tal outra. Você falou de Philippe Caubère – não vou negar seu enorme talento, nem que eu tenha gostado muito dele –, Philippe era essencial no palco e foi meu amigo. Mas ele não ficou tanto tempo assim. Ele veio para a criação de *1793* e a reprise de *1789*, fez *A era de ouro*, foi Molière no filme *Molière*, e pronto, foi embora.

FP: Foi uma tristeza?

AM: Sim. Uma verdadeira tristeza. Mas pode ficar tranquila, isso passa. Outros souberam partir sem que ficássemos brigados por muito tempo. Gérard Hardy, por exemplo. Ele era ator e cuidava do público antes da chegada de Liliana. Precisa de tanta força de trabalho, tanta convicção para ir buscar o público, motivá-lo, impressioná-lo, fazê-lo funcionar. Aí, sim, é preciso devoção, abnegação. Gérard foi um pilar. E continuou amigo. Outras partidas foram muito mais dolorosas, Georges Bigot, Simon Abkarian. Esses atores tinham nascido no Soleil. Então achei que ficaríamos lado a lado durante a vida inteira. Me enganei. Mas ainda somos amigos.

FP: Quem você citaria entre os colaboradores importantes do Soleil durante esses quarenta anos?

AM: No meio artístico, e entre os que nunca abandonaram o navio, citemos na ordem de entrada em cena: Guy-Claude François, Erhard Stiefel, Jean-Jacques Lemêtre, Hélène Cixous. Também temos que falar dos colaboradores-chave nos meios técnicos e administrativos. Mas comecemos por Guy-Claude, nosso cenógrafo. Nós nos encontramos no Théâtre Récamier. Ele era contrarregra lá quando nós fizemos nosso fiasco, *O capitão Fracasso*, em 1965. Era bonito, elegante, já muito sábio. Ele se juntou a nós em 1968 para *Sonho de uma noite de verão*, como diretor técnico. Até *1793*, era Roberto Moscoso quem assinava nossos cenários. Guy--Claude o substituiu em seguida em *A era de ouro*, e em 1977 em *Molière*.

FP: Como você trabalha com ele?

AM: Tive a sorte de trabalhar com seres para quem posso pedir de tudo. Que nunca vão me dizer: "Mas, enfim, Ariane, isso é impossível." Se tivessem feito isso, eu teria me apagado. Quando peço alguma coisa a Guy-Claude, ele nunca recusa, mas propõe ainda melhor, ainda mais louco, ainda mais difícil. E, pouco a pouco, juntos, os dois, nós simplificamos. Até ter um espaço que, aparentemente, é só um vazio. Isto é, o famoso vazio matricial do qual eu falo o tempo todo.

Guy-Claude é capaz de nos dar esse vazio. Nos Shakespeare, era um palco com apenas um tapete de coco e tiras pretas. Não tinha nada. Sedas ao longe. Hoje, o palco do *Caravançarai* é também totalmente vazio. Tem ao longe uma tira e quatro pequenas cortinas de seda. Com exceção de *Os pequeno-burgueses*, em que havia móveis, nunca teve outra coisa, em nossos espetáculos, além de um espaço vazio. Que se assombra, se habita e desabita.

FP: Por que esse vazio?

AM: A imaginação do público vai preenchê-lo. O público, esse grande diretor, aquele que dá o toque final. Um diretor deve saber o que o eu público – eu: olhos, eu: orelhas, eu: pele, eu: coração, eu: barriga, eu: carne, eu: sentido, eu: sensualidade, eu: inteligência – *não* precisa.

FP: Por exemplo?

AM: Não podem me empanturrar nem de palavras, nem de imagens, nem de acessórios, nem de móveis. Sempre vou me lembrar da reflexão de uma menininha em *Noite de reis*: "Ah, que bom, nesse teatro não tem móveis. Quando não tem móveis, a gente vê bem os atores."

FP: O que é excessivo? O que distrai?

AM: O excessivo mente por obstrução. Ele esconde o essencial ou o extravia. O excessivo reduz a profundidade do campo, a profundidade da alma. Ele arranha o olho. Infelizmente, as pessoas sucumbem com frequência a ele. Eu também. Percebo isso depois. Então passo o meu tempo tirando. Mas essa exigência não deve me fazer murchar nem secar. Ela não pode ser um pretexto para a avareza nem para a preguiça. Então, fico atenta.

Me sinto próxima de Copeau, que durante a vida inteira buscou esse lugar único onde poderíamos representar tudo. Quando Guy-Claude e eu recuperamos, tal e qual, o espaço de *A Indíada* para *E de repente, noites em claro*, tive o sentimento de que nós não estávamos longe desse famoso lugar que poderia servir para tudo. O espaço de *Tartufo* era o mesmo que o de *A cidade do perjúrio*, com uma buganvília sobre as grades e duas ou três pequenas mudanças. Para os três Shakespeare também, era a mesma cenografia. Para *Os Átridas*, mesmo espaço para as quatro peças. O lugar único para representar tudo é o mais belo vazio possível. O vazio mais adequado, o melhor terreno de aventuras. Um terreno vago sublime.

FP: Trabalhar tanto tempo com alguém como Guy-Claude François ou seu músico Jean-Jacques Lemêtre não faz com que a relação artística se desgaste?

AM: Não. Eu não me desgasto, não me canso das pessoas de quem gosto, com quem vivo, com quem trabalho. Confio neles e os redescubro todos os dias, ou então, muito rápido, não trabalho mais com eles. Também acontece com alguns de não ter trabalho suficiente para satisfazer todos seus sonhos. Guy-Claude, por exemplo, tinha vontade de fazer mais de um cenário por ano, de construir outros teatros. Ele é, por isso, um dos raros grandes colaboradores do Soleil que trabalha ao mesmo tempo aqui e em outros lugares.

FP: E o companheirismo com Jean-Jacques Lemêtre, com quem você trabalha desde *Mefisto*, ou seja, há 25 anos?

AM: Já havia trabalhado com músicos de quem gosto muito, a família Lasry, mas eles tinham deixado a França para morar em Israel. Estava procurando alguém novo. Uma amiga, Françoise Berge, me aconselhou um professor de música: "Você vai ver, ele é completamente maluco." Liguei para ele, marcamos um encontro no metrô Étoile: "Como você é?" Ele respondeu: "Magnífico! Grande! Com muito cabelo, muita barba! Esplêndido! Não tem como você não me ver!" E sabe o quê? Era verdade! "Você acha que poderia ensinar aos atores alguns instrumentos?", perguntei primeiro. "Por que não? Já estou cuidando de crianças mongoloides!" E, de fato, ele os ensinou. Compôs a música de *Mefisto*. Já era muito bom, mas eu ainda não suspeitava que acabava de encontrar alguém graças a quem poderia, a partir daquele momento, comemorar todos os dias o reencontro da música e do teatro. Faz 25 anos! Foi um dos grandes encontros artísticos e afetivos para o Soleil e para mim.

FP: Como é o trabalho dele?

AM: Jean-Jacques chega às 13 horas, depois de nós, e vai embora à meia-noite, como nós. Ele improvisa conosco. Segundo o jeito como o ator anda, respira, observando suas costas, seu rosto, seu ritmo. A música vai se tecendo concretamente. Durante seis meses de ensaios, só deve haver três dias em que Jean-Jacques não está. De manhã, ele compõe em casa e guarda os temas em reserva. E durante o ensaio ele os insere.

FP: Como vocês trabalham juntos?

AM: Por meio de olhares. Às vezes faço mímicas para indicar quanto sua proposta me agrada. Raramente faço uma careta; então ele me faz sinal de não me preocupar, que é provisório, que ele está procurando. Ele corrige. Sua arte nos permite tudo! Quando um diretor tem verdadeiros atores, isto é, atores que acreditam, mesmo iniciantes, mesmo sem jeito, e um *verdadeiro* músico de teatro, como Jean-Jacques, tudo está feito. Basta dar espaço, dar confiança. A música é um outro texto, às vezes um subtexto, às vezes uma onda do texto – a outra onda é o corpo do ator.

FP: Erhard Stiefel, que faz suas máscaras desde *A era de ouro*, em 1975, também é, obviamente, um colaborador essencial.

AM: Eu o encontrei pouco antes de *Sonho de uma noite de verão*. Tinha pedido a ele alguns figurinos. Ele tinha feito algo muito *kitsch*, porque eu queria algo muito *kitsch*. Mais tarde, com suas máscaras, ele me abriu acesso a um Japão imaginário. Ele mesmo tinha passado dois anos lá, numa companhia de teatro nô. Ele havia sido, assim como eu, depois dele, aluno de Jacques Lecoq. Nunca podemos pedir a Erhard uma máscara sob medida. É preciso deixá-lo levar-se pela inspiração. Assim, quando trabalhamos num espetáculo com máscaras, ele propõe, eu escolho a máscara que me agrada, ou agrada a um ator. Não há melhor ferramenta de formação.

FP: Mas atuar com uma máscara não leva, às vezes, à caricatura?

AM: Não. A caricatura é exatamente o contrário da máscara. A caricatura é a opinião posta numa forma. E geralmente uma opinião ruim. A máscara é o outro posto numa forma. Você coloca uma máscara, e quando se olha no espelho, você se tornou o outro. E se não obedecer à alma desse outro, você está ferrado.

FP: Quais máscaras você prefere?

AM: Quando vou ao ateliê de Erhard, fico embriagada: "Me mostra! É para mim! É minha! Não é sua! Me dá!" Muitas vezes eu as roubo dele! Tenho uma queda pelas máscaras balinesas e japonesas. As balinesas para tudo que é farsa e porque elas são musicais, tagarelas e engraçadas; as japonesas porque são as mais bonitas, as mais trágicas, as mais humanas e divinas. Elas ultrapassaram, para mim, as da *commedia dell'arte*, um pouco abstratas. Chamo Erhard de "tesouro vivo" em referência ao Japão. Mas é um título que eu daria com prazer a muitos veteranos da minha equipe.

FP: Quem, por exemplo?

AM: Acabo de falar de três deles, Guy-Claude, Jean-Jacques, Erhard. Obviamente, Hélène. Sempre falam de sua excepcional força intelectual, nunca de seu fervor, de seu dom de entusiasmo. Quando sinto que um projeto nasce em mim, os três primeiros para quem eu falo são sempre Hélène, Jean-Jacques e Guy-Claude. É depois de ter discutido com eles que, reconfortada pela sua aprovação, por seu engajamento, falo para toda a companhia.

FP: Há outros tesouros vivos no Théâtre du Soleil?

AM: Antonio Ferreira, meu antigo diretor técnico, um homem desses de antigamente, que sabe fazer de tudo sem jamais ter passado por um curso. Ele cuidava da Cartoucherie desde a primeira telha do teto até o último esgoto, passando pela menor parte de metal da plateia até a laje enorme de cimento para o palco. Quando me diziam: "Ariane, o aquecimento não está funcionando, o carrinho não está rolando, tem que tapar esse buraco, desentupir as privadas, feiura aqui, perigo ali...", devo ter respondido umas 314 milhões de vezes: "Tem que perguntar pro Antonio, ligar pro Antonio, consultar o Antonio." Ele começou conosco em 1971 e se aposentou há seis meses. Mas continua a nos acompanhar em turnê, para ajudar um pouco.

Também tem aqueles que me viram e entenderam quando eu estava triste ou angustiada, aqueles que sabem, para quem faço confidências e que às vezes também as fazem a mim.

É preciso talento por toda parte. No palco, no ateliê, no escritório. Ciência, bravura, lealdade, afeição, humor, muito humor e muita humanidade. Liliana Andreone, encarregada há eternidades do que chamamos de "assuntos públicos", deu seu estilo à recepção. Sua paciência infinita, a decência de seu coração, seu humor, sua constância no altruísmo. A gentileza do Soleil, isto é, sua nobreza, é Liliana. Ela havia escapado dos coronéis argentinos. Franco a expulsou da Espanha. O Soleil a herdou. Aleluia!

Também tem aquele que tem o severo dever de não ser sempre gentil, aquele que é encarregado, diria, dos "assuntos difíceis", nosso administrador, Pierre Salesne. Sabe, é difícil ser meu administrador!

FP: Por que, você não gosta de delegar?

AM: Ao contrário, administrativamente eu delego muito. Não, não é isso. Mas nós corremos muitos riscos. Eu corro muitos riscos. Pierre é muito próximo a mim, ele me conhece, se preocupa comigo. É ele que tem a tarefa difícil de me prevenir e, se possível, de me frear sem me travar. Ele não me diz "não" – é muito esperto –, me diz "Cuidado! Quero que você saiba aonde está indo. Você tem que saber a que distância do abismo você está".

É verdade que às vezes o movimento, as necessidades da criação me levam ao limite! Nesse momento, penso no Pierre que vai ao banco com o estômago nervoso: "Será que ainda vão me dar um talão de cheques?"

Mas a gente se vira! Ainda que alguns banqueiros tenham nos deixado no pior momento. Sempre vou me lembrar da manhã em que, em pleno ensaio de *Ricardo II*, chega um cara, enviado pelo Crédit Lyonnais, que nos anuncia que não vai pagar mais nada. Porque isso, porque aquilo! Você imagina! O Crédit Lyonnais nos dando lições de administração! Felizmente, a Banque de la Cité nos salvou. Mas depois ele foi comprado pelo BNP [Banco Nacional de Paris]. Mesma coisa. Um banco medroso e desconfiado. É tão humilhante. Há quarenta anos, nós sempre honramos nossa palavra, e pagamos tudo. Fornecedores, dívidas e banco. E depois, temos a mesma subvenção que chega regularmente, todo ano. Eles não corriam risco nenhum. Mas não, nos tratavam de forma indigna. Dessa vez, fomos nós que fomos embora. Antes que eles nos expulsassem. Agora, estamos no Crédit Coopératif. Nos falamos como é direito entre pessoas de respeito.

Por definição, um administrador está sempre exposto às humilhações públicas. Pierre tem que negociar com o pior lado das pessoas, porque quando se trata de dinheiro, todo mundo fica complicado. Até entre nós. Para suportar tudo isso tão calma e alegremente, não é a administração que é preciso amar, é o teatro. Tenho sorte.

FP: Você repete constantemente que teve muita sorte, que é uma privilegiada...

AM: É verdade. Sim, tive a sorte de ter um pai que me amou, que me alimentou tempo suficiente para que eu pudesse fazer o Théâtre du Soleil. Sim, sou uma privilegiada. Todo dia, do meu carro, vejo pessoas – um homem ou uma mulher – que atravessam a rua na minha frente, e que eu observo, sentada no abrigo dos para-brisas. Observo a atitude deles, suas roupas, seu cansaço, suas cestas velhas, seus sapatos ruins, sua pele. Como é possível que eu tenha tudo o que tenho e que esse homem, essa mulher e tantos outros só tenham isso?

DÉCIMO SEXTO ENCONTRO

o mundo hoje em dia

CARTOUCHERIE
segunda-feira, 5 de julho de 2004, 8h45

Dia fresco, sol. Já é o começo do verão. Ariane Mnouchkine acaba de chegar em seu velho e grande carro. De longe, andando, eu a vejo supervisionar a volta dos cenários de *O último caravançarai*, que havia viajado em turnê para Bochum, na Alemanha. Ela espera em pé, parece olhar ao longe. A Cartoucherie ainda está um pouco vazia, apenas Pedro Guimarães, encarregado dos "assuntos de locação", está aqui, tranquilo e sorridente, esperando os caminhões de mudança com sua cortesia e elegância habituais.

Ariane Mnouchkine está cansada. Reclama baixinho. Diz que precisa de vazio. Não sabe bem ainda qual será o próximo espetáculo. Incertezas. Ela conversou muito nesses últimos dias com os mais íntimos. Se prepara para passar alguns dias no Brasil, depois várias semanas numa longa viagem pela Ásia, seu refúgio. Férias terapêuticas. Inspiradoras? Decidi, não sem tristeza, que era nossa última entrevista. É preciso saber terminar. Apesar de tantas coisas para perguntar, tantos segredos de fábrica que eu gostaria de descobrir e tanto prazer por ficar ao lado da grande senhora do teatro, ainda que nem sempre cômoda, nem sempre loquaz. Mas fascinante, misteriosamente cativante. Para começar uma última conversa, a última troca, ataquei o assunto que está nas capas dos jornais do momento: o casamento homossexual...

ARIANE MNOUCHKINE: Tinha me perguntado se o prefeito da cidade de Bègles, Noël Mamère, com quem nem sempre estou de acordo, tinha razão de querer celebrar o casamento desse casal de homossexuais e começar, assim, toda aquela propaganda midiática, toda aquela encenação. Eu pensava: "Vamos devagar. Mudemos antes o PACS* com uma lei melhor. Mamère está dando a mão à palmatória. Vão dizer: "Você, um prefeito, está violando a lei. Que exemplo!" Mas vi, outro dia, uma reportagem sobre o que aconteceu na frente de sua prefeitura em Bègles. Essas manifestações de ódio – dava pra ouvir um cara gritando: "Os *veados* para o campo de concentração!"–, esses cartazes: "Por que não casar avestruzes?" –, e mudei radicalmente de opinião. Ele tinha razão. E até foi corajoso. Essas reações eram de uma violência que eu nunca teria imaginado, na França, em 2004. E se foi isso que esse casal sofreu durante três semanas, aí, sim, tinham que fazer esse casamento na prefeitura! Tinha esquecido dessa homofobia vulgar, assassina.

FABIENNE PASCAUD: De uma maneira absurda, também é o sinal de que as coisas evoluíram. Se o casamento homossexual cria tanta polêmica, ao menos é aos quatro ventos, enquanto há vinte anos os homossexuais ainda tinham que se esconder!

AM: Sim, mas aí não se trata do estado da evolução das mentalidades, é uma questão de direitos! Eu era a favor do PACS equivalente ao casamento, que garantisse aos cônjuges homossexuais ou heterossexuais os mesmos direitos. Mas não somente o PACS nunca conduziu a essa igualdade, como também o acho desprovido de

* O PACS (Pacto Civil de Solidariedade) é um recurso jurídico francês aprovado em 1999 pelo primeiro-ministro Lionel Jospin. Consiste de um contrato entre duas pessoas de sexos opostos ou do mesmo sexo, para oficializar uma união estável.

simbolismo. Ele se conclui, secamente, burocraticamente, no balcão de um tribunal de instância. Ninguém diz nem boa sorte. O casamento civil talvez seja pequeno-burguês, mas envolve um mínimo de encenação, logo de ritual, de que precisamos. Nossos políticos não entendem essa necessidade. Eu mesma demorei a formular essa ausência excessiva do sagrado na sociedade contemporânea francesa. Minha vida no teatro é cheia de símbolos, vivo num universo ritualizado, ou que pode ser ritualizado, com pessoas que têm um senso do sagrado, da ética e da estética que isso implica. Muitos de meus concidadãos não têm essa felicidade. Vivem numa sociedade não estética, não ética, "desritualizada", sem símbolos, sem poesia, sem metáforas. No fundo, o que falta ao PACS é o pouquinho de teatro que deve haver em toda declaração. Aliás, também acho isso da naturalização francesa. A gente faz a fila no guichê, como no correio. Te dão uma carteira. Não dizem sequer "Parabéns, seja bem-vindo".

FP: Sua própria homossexualidade foi no começo algo complicado de viver?

AM: Obviamente, não é a homossexualidade que é complicada de viver. A homossexualidade é uma sexualidade entre outras. O que complica ou faz sofrer, em muitos casos, é a rejeição ou a exclusão que ela causa. Eu não tinha que ter medo dos meus pais. Talvez, na companhia, tenha havido uma ou duas pessoas que reagiram com... menos bom gosto que outras. Mas a ideia de me esconder não passou pela minha cabeça nem por um segundo. Também não preciso me exibir.

FP: O amor é importante para você?

AM: Você faria essa pergunta a Peter Stein? Ou a Peter Brook? Ou a Peter Kekshaws? Tudo bem. É a única coisa mais importante do que o teatro. Mas tive sorte de não ter que desassociar o teatro e o amor.

FP: Misturar vida artística e vida privada não é complicado? Não temos menos liberdade para criticar alguém que amamos? E o risco de se neutralizar, um ao outro? Não era difícil, por exemplo, quando você dividia sua vida com Hélène Cixous?

AM: Francamente, mais uma vez, você faria essa pergunta tão "Caras" a Peter Brook? Ou a Peter Stein? Ou a Peter Kekshaws? Tudo bem. Pois então, não. Não, não era difícil trabalhar com alguém que eu amava.

FP: Que bom! Estávamos falando de símbolos em relação ao casamento dos homossexuais. Por que precisamos tanto de símbolos?

AM: Para materializar o imaterial, tornar visível o que a gente não vê e o que a gente espera. Precisamos de símbolos para lutar "por": pela paz, pela justiça, pelo amor. Pelo melhor.

FP: Mas você fala muitas vezes da necessidade de signos, de ritos até no cotidiano?

AM: Porque eles estabelecem para o mundo, para o outro, que você reconhece que ele existe, e que você o acolhe. Veja algumas posições do corpo, na rua, por exemplo. Você cruza com alguém; normalmente, você recua para deixá-lo passar. Ele passa e, com o corpo, acompanha e responde ligeiramente ao seu movimento.

Por esse gesto, esse pequeno rito, cada um mostra que viu o outro, que dividiu seu território com ele – e com prazer, ainda mais –, e já que compartilhamos esse curto instante, por que não compartilhar a cidade, o país, o mundo? E ideias, ideais? E a ação? Mas veja certas pessoas hoje em dia, sobretudo em Paris – na província não é exatamente igual –, nada no corpo delas mostra que elas tenham sentido que você recuou. Você não existiu. Ninguém vai dividir nada com você. Já é guerra.

FP: Vocês ensinam esses sinais no Soleil?

AM: Nós os cultivamos, em todo caso. Por exemplo, uma vez eu disse a um técnico, que sempre atravessava o palco de um jeito pesado, e ainda reclamava que não estava fazendo barulho quando eu fazia "Shhhh!": "Mas me mostra que você não está fazendo barulho! Me mostra que você não quer fazer! Só com um pequeno gesto! Isso vai me reconfortar, e mesmo se você fizer um pouquinho de barulho, vai ser como se você não tivesse feito! E todo mundo vai dizer: 'Como ele é gentil! Ele está andando na ponta dos pés. Ele ama a gente!' Mas se você não fizer esse pequeno gesto, aí vou ouvir até o barulho que você não faz, porque normalmente, andando como você anda, deveria fazer barulho!" Pronto, é um rito. E um sinal de respeito, um sinal de que dividimos o mesmo espaço, a mesma terra, o mesmo céu.

FP: O espaço, os corpos no espaço... A gente se lembra das entradas e saídas – ou quase danças – que pontuavam alguns de seus espetáculos. *Ricardo II*, por exemplo. Como você decide os movimentos de um espetáculo?

AM: Tudo é ditado pelo ator, pelas impulsões, pelos gestos, movimentos dos atores. Eles têm sintomas. Quando o sintoma não está certo, é que erramos de estado, ou de objetivo. Então, sou eu que tenho que encontrar, junto com eles, onde está o erro. Não está no sintoma, está na causa. Então nós tentamos, procuramos. Até que o espaço e o ritmo se tornem evidentes. Mas, geralmente, se os atores têm os objetivos certos, as situações certas, os estados certos, eles se movem exatamente como deveriam, vão exatamente aonde devem ir. Não tenho mais nada a lhes dizer. É assim. Isso se organiza sozinho. "Como você faz para aprender tudo isso de cor?", perguntam pra gente. Pois é isso, a gente aprende de coração. Vivendo.

FP: Mas como você sente a necessidade de tal ou tal movimento?

AM: Geralmente, não prevejo nada. Tudo acontece. Mas se eu sinto que o ator não está em seu lugar, pergunto: "Você realmente precisa ir até aí?" Em geral ele responde: "Na verdade, não." Quase nunca digo: "Vá até ele..." ou "desça..." ou "suba". Não preciso dizê-lo. Não devo dizê-lo.

Acho, espero, que digo cada vez menos. O que não quer dizer que eu trabalhe cada vez menos! Nem que seja cada vez menos responsável. Mas nós nos entendemos cada vez melhor sem precisar falar muito. Eles sentem quando eu me mexo, eu também os sinto. Confio cada vez mais neles. E, repito, ser diretor é dar a cada um o horizonte e os remos certos. Depois, é preciso remar junto.

FP: O Théâtre du Soleil, ou mais exatamente, segundo o intitulado oficial da Educação nacional, "As criações do Théâtre du Soleil, das tradições orientais à modernidade ocidental", está hoje no programa do *bac* na opção de teatro. Você não estaria, de certa forma, entrando na instituição da qual você sempre fugiu?

AM: Mas a Educação nacional não é uma instituição! É o serviço público no que ele tem de mais necessário e mais nobre. Quando Jean-Claude Lallias – que era, na época, coordenador de teatro na missão Arte e Cultura do Ministério da Educação nacional, fundada por Jack Lang quando ele era ministro – nos deu a notícia, fiquei tão orgulhosa! Não cabia em mim! Talvez eles até nos deixem durante três anos no programa.* Para mim, a glória é isso!

FP: Mas tem outras missões de "serviço público" que você recusou. Quando Paul Puaux lhe propôs a direção do Festival de Avignon em 1979, por exemplo.

AM: Nunca teria conseguido cuidar ao mesmo tempo do Théâtre du Soleil e de um festival tão gigantesco. Teria parado de fazer teatro, e não queria parar de fazer teatro.

FP: Mas também lhe propuseram, eu acho, a direção da Comédie-Française, ou até, recentemente, do Théâtre National de Chaillot.

AM: Me propuseram a Comédie-Française?! Você está brincando? Não! Nunca! Chaillot também não, aliás! De qualquer jeito, não teria tido força para suportar os pesos, a rigidez orçamentária, as chateações administrativas ou sindicais. Não, minhas vontades, meus desejos são outros.

FP: Você sempre afirmou a vontade de alternar clássicos e modernos no Théâtre du Soleil. Mas há dez anos isso tem acontecido menos.

AM: É verdade! Até agora, sempre me defendia: "Vamos em breve, blá-blá-blá". Me rendo às evidências, tenho cada vez menos von-

* O Théâtre du Soleil está no programa até hoje.

tade de um grande repertório. O mundo hoje em dia me parece urgente demais para contar. Nem de um Shakespeare tenho vontade... Por enquanto. Se tivessem me dito, no entanto, que um dia eu não teria vontade de montar Shakespeare... Talvez esteja errada. Porque ainda estou convencida de que podemos agir sobre o público, sobre o mundo, acordar as consciências com Shakespeare! Mas nesse momento, não saberia mais, me pareceria uma futilidade. Então tenho que ousar com nossas pobres condições. E engatinhar, dominar o real fisicamente. Mas ele vai voltar. Como *Tartufo*, que de repente me pareceu a peça mais atual que eu poderia montar!

FP: E montar uma das obras de Anton Tchekhov, ideal para uma grande companhia, não?

AM: Eu o venero, mas não quero participar de um concurso de diretores, e com Tchekhov é um pouco isso, porque só há uma forma de montá-lo. É simples. Quando começam a me dizer "Essa direção de tal ou tal Tchekhov é uma leitura assim ou assado...", sempre penso: mas que leitura? Há *uma* maneira de ler Tchekhov. É claro, tem maestros que transcendem uma obra, mas, ainda assim, é sempre a mesma música! Para um ouvido conhecedor, é mais rápido, mais lento, como você quiser, mas é a mesma música! Pois Tchekhov escreveu uma partitura. Uma verdadeira partitura de orquestra para personagens-músicos, e não se pode trocar violinos por berrantes! Nisso ele é o contrário de Shakespeare, que não faz os personagens se apresentarem entre eles, na orquestra, mas os coloca sob o céu, no topo do planisfério, de onde eles falam com o público, o tempo todo.

Nunca acabamos de descobrir os lados secretos de Shakespeare. É um astro. Isso não diminui Tchekhov nem um pouco. Ele é um caso totalmente à parte, uma época de teatro só dele. Tchekhov. Pronto! Sem sucessor. Comparadas, as peças de Górki não são nada. Isso não impede que seja interessante montar um Górki. Já me aconteceu, aliás.

FP: Você, Ariane, fez escola no mundo do teatro?

AM: A companhia fez, eu acho. Eu às vezes tenho a impressão de ser um dinossauro. E de que os meteoros estão chegando.

carta a fabienne pascaud

Cara Fabienne,

Relendo os originais de seu livro, vejo como você o conduziu, e vejo que a escolha mais ou menos cronológica me permitiu falar dos meus amigos, um pouco, às vezes muito, mas de alguns muito pouco.

Pude nomear alguns daqueles que me construíram. Daqueles que, comigo, ao longo do tempo, construíram nosso teatro, mas ainda preciso fazer quase o impossível: nomear *justamente* todos os que hoje, todos os dias, ainda constroem comigo nosso teatro.

Como poderei, você deve se perguntar, nomear *justamente* todos os antigos, todos os menos antigos, os já quase antigos, os não totalmente novos, os ainda novos e os novos em folha. Não posso, mas devo e sobretudo quero.

Eu quero, mas como cumprimentar os que me cercam, *justamente*, segundo o que eles já fizeram, ou segundo o que prometem?

Me parece tão injusto não diferençá-los. Não reconhecer os primeiros violinos, como se diz.

Penso em Duccio, em Maurice, em Juliana, nos Grandes Antigos. Aqueles que transmitem. Mas assim que penso neles, penso nos novos belos violinos, em Serge, Delphine, Jean-Charles, Eve, Shaghayegh, penso em Vincent, penso em Mathieu. Penso na geração de *E de repente, noites em claro*. Todos já autores, todos em breve um pouco diretores. Ou muito diretores.

E então me parece igualmente injusto fazer a diferença entre esses, que eu vi crescer, e os da última geração, os que já eram fortes na chegada, ou que cresceram durante *O último caravançarai*. Penso em Virginie, Elena, Sarkaw, Astrid, Emilie, Marjolaine, Andreas, Olivia, Jeremy; penso em Judith, heroicamente agarrada à sua sombrinha de *Tambores no dique*, e que agora está pegando impulso. Penso em Stéphanie. Penso em Sébastien e também em Francis, David, Dominique, os dispostos para tudo, sempre, em qualquer lugar. Emmanuel também, sempre disposto.

Mas se quero falar de Sébastien e seus carrinhos obsessivos, de Francis e David e suas árvores inesperadas, tenho que falar de novo de Serge e Duccio e suas centenas de cenários, de Jean-Charles e Virginie e suas inumeráveis pequenas luzes e baterias com problemas, de Jeremy e de seu asno, de Andreas e suas atividades proteicas, de Astrid e Emilie e seus milhões de acessórios, de Kumaran e seus narizes, de Eve e sua farmácia, de Shaghayegh e suas aulas de persa. De Sarkaw e seus poemas, de Elena e sua Rússia que machuca, de Delphine e suas fulgurantes intuições, de Olivia e suas massas incomparáveis. Devo falar, quero falar, de Fabianna e sua direção técnica hercúlea, de Ono, nosso Japão, o decano dos comediantes, de Edson e sua voz de ogro, mas tão bonzinho. De Pascal, suas aventuras e desventuras. Quero falar da coragem de todos.

Pois um ator, uma atriz, em todo caso no Soleil, é uma mistura complexa de comediante, marinheiro, inventor, enfermeira, acrobata, mecânico, construtor e guarda noturno. De cantora, música, informática, de Canadá, Peru e de espera, como Patricia. E de aprendizes como Pauline, Alexandre, Marie-Louise, Virginie L. (a outra Virginie) e de Marie.

Isso para aqueles que estão na luz. E os outros?

As divindades das máquinas e dos computadores? Sim, é claro, falei de Liliana, de Etienne, de Pierre, de Charles-Henri, mas de Sylvie e seus telefonemas com inúmeras peripécias, cheios de brincadeiras e inscrições amigáveis, de seduções também, de conselhos estéreis, de alarmes preocupantes e vitórias obstinadas, ainda não disse nada. Nem de Pedro, suas roseiras magníficas na nossa fachada, e sua paciência inalterável e sorridente para todas as agitações do público, alegres ou nervosas. Ainda não falei de Naruna e seu arquivo infalível, que sabem tudo sobre o público: Quando? Quem? Quantas vezes? Os gentis, os malvados. Os fanáticos que viram tudo e nos esperam. Os infiéis que não dão mais notícias. Talvez eles estejam doentes? Os que voltam. Todos aqueles que há quarenta anos nos acompanham. Naruna conhece todos eles. Liliana também. Quando é preciso, elas sabem descrevê-los tão bem que, eu também, acho que os reconheço. "Mas tente se lembrar, é a senhora atrás de quem você correu um dia, você estava chateada: 'Você está indo embora, senhora?! Bem no meio?' Ela vira e diz: 'É que eu acho que estou parindo!' Então, ela está vindo essa noite com sua filha, que agora tem catorze anos."

Ainda não falei nada de Maria que faz tudo. Tudo o que os outros não puderam fazer. Maria agência de viagem, Maria motorista, Maria entregadora, Maria Socorro! E Elaine, nova nos Assuntos Humanitários e nos Assuntos Internacionais de Turnês, que ainda treme mas resiste. Não falei de Claire, novinha também, e que, no nosso *site*, conversa com todos os estudantes da França e de Navarre.

E no ateliê? Também há personagens no ateliê. Primeiro, desde sempre, sujo dos pés à cabeça, tem Baudoin, apelidado de Bob. E os novos, Adolfo, o sábio, o belo Everest, tão bonito quanto seu nome.

Até Cédric e Simon vivem com as roupas manchadas, eletricistas ágeis e furtivos que são. Todos, menos Cécile-das-luzes. Será porque ela é a única mulher da parte técnica? Ou porque os meninos gostam de se sujar? Eu não achava que Cécile, que se juntou a nós num dilúvio catastrófico em Toulouse, aguentaria mais de uma semana. "Olha essa menina", eu disse a Sophie Moscoso, que era minha assistente na época, "olha o inferno em que ela está, coitada! Em três dias, ela vai nos largar!" Isso foi há treze anos! Carlos, o belo tenebroso, foi há trinta anos. Ele também, como a Liliana, como o Hector, um presente das ditaduras latino-americanas. Assim como Nissay foi um presente dos Khmers vermelhos, como Annie, nossa deusa da costura.

A costura! Ainda não falei da costura! Ainda não falei de Marie-Hélène, a Francesa francesa, volúvel, alegre, aquela que sabe tão bem reconhecer o valor de um instante e dizê-lo. Aquela que termina minhas frases. "Essa calça... – você quer que ela seja mais curta." "É isso mesmo."

Tantos anos! Vinte e três anos. E Nathalie, a silenciosa, a toda de preto, envolta de fumaça, sempre ali, a trabalho, com grandes tesouras nas mãos. Tantos e tantos anos. Vinte e oito anos. Annie, o sorriso *khmer*, o segredo *khmer*. A firmeza. Catorze anos.

A costura, para os atores, é o templo antes do Templo. É a caverna do tesouro. O calço do barco. O saque de Samarkand. O porão onde, todas as manhãs, eles se precipitam, como uma nuvem de gafanhotos. E as três estão lá, as figurinistas, intuitivas e espertas, guiando os gafanhotos devoradores... A cozinha!

Como não falar da cozinha? O antro onde tudo ferve, os pratos, as frustrações, as depressões, as impressões, conjurações, liberações, regressões, explosões, gargalhadas. Ly, Karim (outro presente dos islâmicos argelinos). A África do Norte. A Ásia. *Noodles* com porco, o ramadã. Um campo de batalhas étnicas!

Mas assim mesmo, no final, e quando precisamos, um cheiro de torta e de infância.

Pronto, citei todos os meus velhos e novos amigos do Soleil.

Não! Não falei dos que só estão lá nos momentos cruciais. O que quer dizer, na verdade, frequentemente:

Ysabel de Maisonneuve, quando precisamos de céus, de horizontes, de oceanos, de crepúsculos e de auroras de seda.

Didier Martin, quando precisamos de afrescos, de sóis atormentados, de caminhos, um pássaro no céu de Ysabel.

Danièle Heusslein-Gire, quando precisamos de mil Budas.

Martine Franck e Michèle Laurent, quando precisamos de fotos esplêndidas.

Yann, quando precisamos que o som seja ainda melhor.
Marc, quando nos machucamos, e ainda mais, antes disso.
Françoise, que protege tantas coisas frágeis. As vozes, as crianças.
Alain, Maël, Nico, quando precisamos de Vulcano em sua forja.
Tamani, quando precisamos confortar os rostos e suas maquiagens.

Querida Fabienne, escrevo isso na quinta, 25 de novembro de 2004.

Nada é definitivo. O mundo é impermanente. Nós todos também. Mas se você quiser me dar o prazer de considerar esta carta como um *post-scriptum* indispensável... É tão pouco, comparado ao que eu gostaria de dizer sobre eles, para eles.

Ariane.

NOMES COMPLETOS DAS PESSOAS QUE EU CITEI:

Duccio Bellugi Vannuccini
Maurice Durozier
Juliana Carneiro da Cunha
Serge Nicolaï
Delphine Cottu
Jean-Charles Maricot
Eve Doë Bruce
Shaghayegh Beheshti
Vincent Mangado
Mathieu Rauchvarger
Virginie Colemyn
Elena Loukiantchikova-Sel
Sarkaw Gorany
Astrid Grant
Émilie Gruat
Marjolaine Larranaga y Austin
Andreas Simma
Olivia Corsini
Jeremy James
Sebastien Brottet-Michel
Judith Marvan-Enriquez
Stéphanie Masson
Francis Ressort
David Santonja-Ruiz
Dominique Jambert
Emmanuel Dorand
Cécile Allegoedt
Carlos Obregon
Hector Ortiz
Nissay Ly
Annie Tran
Marie-Hélène Bouvet
Nathalie Thomas
Karim Gougam
Ly That-Vou
Koumaran Valavane
Fabianna Mello e Souza
Seietsu Onochi

Edson Rodrigues
Pascal Guarise
Patricia Cano
Pauline Poignand
Alexandre Michel
Marie-Louise Crawley
Virginie Le Coënt
Marie Heuzé
Liliana Andreone
Etienne Lemasson
Pierre Salesne
Charles-Henri Bradier
Sylvie Papandréou
Pedro Guimarães
Naruna de Andrade
Maria Adroher
Elaine Méric
Claire Ruffin
Baudoin Bauchau
Adolfo Canto Sabido
Everest Canto de Montserrat
Cédric Baudic
Simon André
Danièle Heusslein-Gire
Yann Lemêtre
Marc Pujo
Françoise Berge
Alain Brunswick
Maël Lefrançois
Nicolas Dallongeville
Tamani Berkani

posfácio

"Só o presente importa para mim. Eu estou no presente."

E ela reivindica em voz alta sua memória falha, sua indiferença em se contar, sua negação a teorizar.

E ela trabalha, massageia e mistura o presente. Como uma massa. Melhor do que qualquer outro diretor, com mais carne, mais sensualidade, Ariane Mnouchkine busca fazer o teatro de seu tempo, testemunhar para o seu tempo, trabalhar para mudar seu tempo. Seja através de Shakespeare, Ésquilo, Molière ou Eurípides. Desde o começo, a diretora do Théâtre du Soleil adotou em cada espetáculo as interrogações de sua época: *A cozinha* ou a exploração pelo trabalho, *1789* ou a festa popular e a revolução confiscadas (maio de 1968?), *1793* ou grandezas e misérias da esquerda, *A era de ouro* ou como viver hoje em dia, *Mefisto* ou o engajamento dos intelectuais, dos artistas...

Nada de simplesmente realista, no entanto, nessas provocantes reflexões-epopeias sobre a sociedade de hoje. Desde o longo périplo no Extremo Oriente de sua juventude, em 1963, Ariane Mnouchkine entendeu, como antes dela Artaud, Copeau, Claudel ou Brecht, que só há o teatro oriental, que somente os artistas asiáticos – japoneses, indianos, chineses ou balineses – adquiriram há séculos a ciência de fazer uma autópsia e depois transfigurar os sentimentos e as paixões, numa sequência de sinais deslumbrantes que maravilham primeiro, emocionam depois, e elevam a alma e o espírito de quem quer que os assista. Por isso, o presente segundo o Théâtre du Soleil é milenar, rico de múltiplas tradições. Por isso, o próximo por lá se torna longínquo; o refinado, arcaico; o exterior, íntimo; o político, privado.

Ariane Mnouchkine cultiva os aparentes paradoxos. Nela, muitas mulheres se misturam. A chefe de grupo que fundou com seus colegas estudantes da Sorbonne, em 1964, a "Sociedade cooperativa operária de produção do Théâtre du Soleil" e a escritora poeta de uma língua luminosa e doce; a cineasta brilhante de *Molière* e a superintendente da Cartoucherie que não delega nada; a diretora visionária e a confidente-enfermeira dos atores; a educadora e a gulosa; o general e a menina; a militante e a hedonista; a santa e a aventureira. Que apelidos, que metáforas não usamos para designá-la: rainha, papisa, leoa, sacerdotisa, ogra, militante... Ela é tudo isso e muitas coisas mais, que ela não vai dizer. Uma personalidade fora do comum, para uma companhia de teatro fora do comum. Um percurso fora do comum.

Há quarenta anos, ela leva com violência e paixão uma companhia que enobreceu a criação coletiva, inventou uma nova maneira de procurar e de encontrar em conjunto, explodiu a cena clássica italiana, imaginou espaços divididos, criou novas relações de proximidade, de respeito, de fidelidade com o público, levou o teatro aonde ele não entrava: uma fábrica de cartuchos militares desativada no fundo dos bosques. O Théâtre du Soleil a transformou num palácio de maravilhas, num reino de sonhos onde, longe de fugir do real, se reaprende, ao contrário, a vê-lo e entendê-lo de outra forma, onde a história viva se faz poesia épica. Assim o Soleil, bem nomeado, transforma nossas questões em cenas luminosas, ilumina nossas escuridões de forma fraternal. E é preciso beleza, esplendor para ousar encarar as tragédias contemporâneas: fanatismos, integrismos, guerras civis, exílios.

A alquimista Mnouchkine conhece os segredos para transformar o caos e o inferno em cavernas de Ali Babá. Primeiro, ela gosta fundamentalmente do mundo, da vida, das pessoas. Tudo é importante, tudo a surpreende, a agride, a perturba: as batatas do almoço ainda não descascadas às dez horas na Cartoucherie e o destino dos reféns no Iraque, os rolos de papel-toalha que desapareceram misteriosamente da despensa e o genocídio de Darfur. E também a eterna menininha que construiu seu olhar acompanhando o pai produtor nas gravações de filmes é artista até a ponta de seus cabelos grisalhos. Ela tem olho, instinto, intuição, imaginação. Basta ver as fotos que tirou em sua viagem à Ásia – tinha 24 anos – onde tudo já existe, onde as montagens futuras aparecem nos enquadramentos espetaculares, o gosto pelos vazios e pelos cheios, pelos corpos em movimento, pelos rostos comuns, poderosos e familiares. Simplicidade majestosa.

Enfim, Ariane Mnouchkine ama, adora os atores: vê-los atuar nunca deixa de fasciná-la. E porque eles sentem isso, o vivem a cada dia, os atores do Soleil lhe dão tudo. Como resistir a um senhor da guerra tão carismático? Eles treinam e buscam até a exaustão esse teatro épico, às vezes acrobático, sempre fortemente estilizado, articulado, com o qual sonha sua inspiradora. Com ela, eles aprendem a fortalecer a imaginação e os músculos, para encher esses espaços vazios esplêndidos e ricos de todas as possibilidades que ela venera. E a escutar o outro, a inventar juntos formas novas, e a escalar todos os Himalaias do teatro.

Uma busca que recomeça sempre. Uma escola de vida, também. Exigente, impiedosa, dolorosa, magnífica. Alguns não têm força e vão embora, outros se exaltam e se jogam de corpo e alma. Como Ariane Mnouchkine. Desde Giorgio Strehler e o Piccolo Teatro, não se fazia mais chefes de grupo intransigentes e generosos, que sem contar com poder, dinheiro nem instituição clássica consagrariam a vida ao teatro. Que ficariam quarenta anos voluntariamente independentes, rebeldes, marginais.

De *1789*, festa popular espalhada nos quatro cantos da Cartoucherie, que quebrava os códigos da representação comum – espaço, texto, relação com o público – a *O último caravançarai*, que ousou abordar cruamente – enquanto muitos outros ficam calados – o drama dos refugiados. Sem nunca parar de inventar luzes, matérias, grandes espetáculos extraordinários.

Seguir Ariane Mnouchkine durante quase dois anos, insistir em encontrá-la entre um ensaio e outro, uma apresentação, uma turnê, uma reunião e outra, às vezes foi complicado. A dama do Soleil fugia das entrevistas. Só as concedeu, com reticência, na Cartoucherie, seu esconderijo no meio dos bosques. Mas que aventura, que companheirismo, que lição de presença para o mundo, para o tempo, para o outro!

Não me surpreende o fato de que aquela que só ama o presente, só vive no presente, tenha intencionalmente escolhido o teatro, essa arte efêmera, aqui e agora. Ela é o teatro.

Fabienne PASCAUD

pequenos textos

A LIBERDADE É COMO UMA PELE DE ONAGRO.*

por Ariane Mnouchkine e Patrice Chéreau

Na Checoslováquia, vocês puseram Havel, o escritor, na prisão; no Uruguai, vocês puseram Estrella, o pianista, na prisão; na União Soviética, vocês puseram Vadim Smogitel, o pianista, na prisão; na Colômbia, Alba Gonzalez Souza, a pianista, também está na prisão. Vocês deram um sumiço em Raymondo Gleyzer, o cineasta, na Argentina. Jorge Muller, o cineasta, Julietta Ramirez, a atriz, no Chile.

No Irã, vocês censuraram seus poetas e seus músicos. Vocês os colocaram na cadeia, assim como na África do Sul. E tantos outros, tantos outros que vocês assassinaram. Os artistas perseguidos são, no entanto, apenas a parte visível de um *iceberg* gigantesco e sinistro.

A liberdade é como uma pele de onagro.

---

* Referência ao romance de Honoré de Balzac, a pele de onagro simboliza o esgotamento inevitável de um bem à medida que o desejamos.

Então, o que nos resta dizer que outros não tenham dito? O que nos resta fazer que ainda não tenha sido feito?... Uma única coisa: *continuar*.

Mas nós somos fracos, tímidos e sem estratégia. Exigimos em altos brados a liberação desse artista ou desse outro na União Soviética ou na Argentina, e nós vos fazemos rir, vocês, os tiranos. Pois vocês sabem por experiência que não se exige um direito, que só se pode exigir o que é possível obter pela força. Porém nós não sabemos mais onde está nossa força.

Então nós vamos testemunhar, ser o eco dos que gritam. Vamos copiar seus textos, calcar seus desenhos, repetir sem parar suas falas.

Eis que esse processo, que vocês queriam tanto abafar entre quatro paredes em algum de seus reinos, atravessou as suas fronteiras e a nossa. Eis que foi traduzido febrilmente, e que atores vão representá-lo.

Seus argumentos lamentáveis, sua má vontade grosseira, suas mentiras arrogantes serão representados.

Não mais entre quatro paredes. Esse processo sujo e imbecil vai correr em todas as bocas (ao menos nas que não estão fechadas por muitos erros escondidos), vai chegar a todos os ouvidos (ao menos nos que não estão surdos de tanta cumplicidade mentirosa), vai estar sob todos os olhares (ao menos sob os que não se desviam).

E se a AIDA não fosse tão nova, não seria a um processo que nós os teríamos convocado, no dia 19 de dezembro, e sim a dez, vinte, trinta, em dez, vinte, trinta países diferentes. Vai ficar para a próxima vez.

Inútil, vocês dizem. Não são essas pequenas tentativas que vão vos fazer largar. Ao contrário, vocês vão aguentar firme. Não vão ceder e vão nos desencorajar. Ah! Não acreditem nisso. Nós sabemos que um Estado que nunca cede, que, como um terrorista qualquer, toma seus próprios artistas como reféns, um Estado que se esconde atrás das grades, tem cada vez mais dificuldade em manter seus cidadãos acorrentados.

Fechem suas fronteiras! Transformem seus países em ilhas! Expulsem nossos enviados! Escutem seus telefonemas, e ainda assim, como comadres incansáveis, nós vamos repetir tudo o que chegar a nós.

Nós o faremos com nossos meios: o teatro, o cinema, o canto, a pintura.

Nós o faremos no mundo inteiro.

Vocês chamam isso de irrisório, vocês não temem os palhaços e os escrevinhadores!

Ah, é! Pois bem! Se os artistas são apenas uma quantidade insignificante, por que vocês têm medo dos que vivem sob suas regras?

Le Monde, 21 de dezembro de 1979
e 12 de fevereiro de 1980.

ENTREGA DOS PRÊMIOS EUROPE DE TEATRO

Discurso de Ariane Mnouchkine
9 de agosto de 1987, em Taormina

Em nome do Théâtre du Soleil, agradeço à organização de Taormina ARTE e à Comunidade Europeia. Estamos felizes e orgulhosos de receber este prêmio Europe. Nos parece muito importante que, por esse gesto simbólico e financeiro, a Comunidade Europeia demonstre que ela não quer ser apenas a comunidade dos tomates e da carne de porco, mas também a comunidade da Arte.

Mas a Europa da Comunidade não é toda a Europa, e nessa noite estou pensando na outra Europa, que nós chamamos de Europa do Leste, como para torná-la mais longínqua.

Penso em todos os artistas que trabalham nas igrejas na Polônia, nas cantinas na Hungria, nas garagens na Checoslováquia, por toda parte, na sombra, sem ajuda, nas maiores dificuldades, e que, em seu país, mantêm viva a chama do teatro, da poesia e da verdade.

Penso neles, tão parecidos conosco, que por vezes escalam o muro para nos observar. Nós, que apesar de todas nossas crises somos tão ricos e tão livres.

Gostaria que, esta noite, eles soubessem que nós, europeus, pensamos neles, europeus. Que eles soubessem que este prêmio que recebo hoje também é deles, e que nós os esperamos para que a velha Europa se torne, enfim, a jovem Europa.

Obrigada.

O THÉÂTRE DU SOLEIL EM ISRAEL

Esta declaração foi publicada no dia 15 de abril de 1988 nos seguintes jornais israelenses: Ha'aretz (hebraico), Yediot Aharonot (hebraico), Al-Ittihad (árabe), Al-Fajar (árabe) e Jerusalem Post (inglês).

Vocês nos convidaram e nós aceitamos seu convite. Mas antes que passemos da porta, vocês precisam saber quem somos e como pensamos.

Nós, autora, atores, músicos, técnicos, diretora do Théâtre du Soleil, somos originários de 22 países (França, Portugal, Chile, Bélgica, Itália, Brasil, Argélia, Índia, Camboja, Estados Unidos, Tunísia, Turquia, Armênia, Líbano, Irã, Espanha, Alemanha, Suíça, Argentina, Guatemala, República Dominicana, Togo), nós somos de religião cristã, muçulmana, judia, budista, hindu, ou ateus, nós somos brancos, somos pretos, amarelos, somos de países que tiveram alternadamente, ao longo de sua história, os papéis de colonizadores e de colonizados, de oprimidos e opressores, ocupados e ocupantes de países que tiveram e têm suas horas de orgulho e de vergonha, de progresso e de decadência, de dignidade e indignidade, de humanidade e inumanidade. É isso que somos.

Agora, o que pensamos:

Nós achamos que a apropriação de territórios pela força é inadmissível;

Achamos que matar crianças, em qualquer circunstância que seja e que sejam palestinos ou israelenses, é uma monstruosidade;

Achamos que matar civis desarmados viola não somente as convenções de Genebra, mas sobretudo a lei moral;

Achamos que uma nação que oprime outra não pode ser uma nação totalmente livre;

Achamos que é loucura tentar destruir pela força o que nenhuma força militar jamais conseguirá destruir: o amor da pátria, o espírito de liberdade. É possível quebrar o corpo, mas nunca esmagar a alma de um povo. E de todos os povos, o povo judeu foi o que o provou milenarmente;

Achamos que o povo palestino tem razão de se revoltar contra a ocupação israelense e que sua causa é justa;

Achamos que o povo palestino tem um direito inalienável à autodeterminação e a um Estado palestino;

Achamos que o Estado de Israel tem um direito inviolável de existir aqui, em paz e segurança;

Achamos que há dois povos nesta Terra Santa e que ela deve ser dividida e as fronteiras, negociadas. Esperando que, mais tarde, o Tempo faça seu trabalho de esquecimento e de Perdão, e que uma associação possa nascer;

Achamos que já tivemos nossa cota de cabeças teimosas, obstinadas no erro, no crime, que já basta de olhos cegos, de ouvidos surdos;

Achamos que os líderes que o povo israelense escolheu devem aceitar negociar com os líderes que o povo palestino escolheu, mesmo que estes não os agradem, e qualquer que tenha sido sua estratégia no passado;

Achamos que depois do direito do mais forte, chegou a hora do dever do mais forte, e que Israel, por ser o mais forte, deve dar o primeiro passo. O maior passo. Ele não é capaz? Israel teria mais medo da paz do que da guerra?;

Achamos que de tanto ignorar alguns palestinos que lhe estendem a mão, Israel corre o risco de um dia só ter diante de si aqueles que só sabem erguer um punhal;

Achamos que Israel e a OLP devem se reconhecer mutuamente e simultaneamente no primeiro minuto de negociação e que então o mundo inteiro vai poder respirar e ter esperança.

Nós hesitamos em vir, conversamos, consultamos muitos de vocês e decidimos não juntar uma recusa tão fácil a tantas recusas criminosas. Nada pode nos forçar a perder a esperança na força das palavras, a renunciar à nossa fé no homem, e também na Arte. Nós nunca renunciaremos.

É pela paz e seus defensores que viemos, por admiração e fraternidade por todos os que, nos dois campos, às vezes correndo risco de vida ou enfrentando alguma lei absurda do próprio país, tentam "atravessar a ponte", se encontrar, se falar, que seja em Paris, em Bruxelas, Beirute, Bucareste, Budapeste, Túnis, de um lado do rio ou do outro.

Nossa vinda é uma homenagem a todos os que, em Israel – deputados na Knesset, intelectuais, escritores, artistas, juristas, jornalistas, cidadãos –, tecem incansavelmente, e há décadas, a teia da paz que líderes irresponsáveis se obstinam em rasgar.

Viemos porque acreditamos que os homens mudam, que eles já mudaram, que muitos palestinos mudaram, e que se Israel não mudar, vai perder não somente sangue, vidas, mas a honra e a paz interior. Pois tememos que a cegueira de alguns leve todo o povo de Israel ao massacre que desencadeia na guerra civil.

Dizemos tudo isso a vocês porque não se deve entrar na casa de um amigo com o coração cheio de angústias silenciosas e repreensões secretas.

O Théâtre du Soleil

HOMENAGEM A JEANNE LAURENT

Discurso de Ariane Mnouchkine
27 de novembro de 1989, na Comédie-Française

Cara Senhora,

Você foi embora sem que eu tenha podido dizer adeus. Adeus e obrigada.

"Obrigada pelo quê", você me responderia? "Eu não fiz nada; não cuidava mais de negócios havia muito tempo quando vocês, você e a companhia, deram seus primeiros passos." É verdade, a

Senhora não estava mais no poder, como se diz, quando nasceu nosso teatro e, objetivamente, não podia fazer mais nada por nós.

Então, por que eu ficava tão emocionada quando sabia que você estava no teatro? E em cada um de nossos espetáculos, sem faltar nenhum, você esteve no nosso teatro. Você chegava muito cedo; ficava tão curiosa, tão impaciente, já tão vibrante; sua voz tão fervorosa que me lembro de pensar que você estava com frio na barriga, Senhora; tanto era ardente o seu desejo de ver o teatro ganhar terreno e grande o medo de que ele o perdesse.

É assim que você continuava sua obra, esperando e temendo, exigindo também, pois, às vezes, saber exigir é um dom. E quando depois da apresentação eu me inclinava até você, pois você era pequenininha, Senhora, e nós nos abraçávamos e eu agradecia seus agradecimentos, sua compreensão, seus incentivos, você era, então, muito mais importante para mim do que um ministro.

Sabia que todos os que me haviam ajudado a construir meu caminho o haviam feito graças ao seu apoio incondicional, ao seu sentido das responsabilidades do Estado, à sua moral, à sua coragem política ou simplesmente à sua coragem.

Eu teria tantas coisas para te dizer, mas me disseram que esta carta tinha que ser breve.

Aqui tudo vai bem. Apesar de um cheiro estranho; um cheiro que você nunca pôde suportar; algo como um cheiro de covardia ou de desprezo. Vou te falar mais disso na minha próxima carta. Mas não se preocupe demais, pois um vento bom vai acabar vindo em nossa direção. Eu te avisarei. É isso; obrigada mais uma vez, Senhora, por ter nos precedido e acompanhado.

Até mais, aqui ou aí, pois, onde você está, eu saberei te encontrar. Um beijo.

MANIFESTO

27 de fevereiro de 1997

Azzedine Medjoubi, o maravilhoso ator do Théâtre Algérien, foi morto. Ele também. Acabou de morrer. Depois de Alloula, Cheb

Hasni, Asselah, Djaout... Ele está deitado nessa lista cruel. "E, daqui a pouco, quem de nós vai segui-lo", se perguntam todos esses sobreviventes argelinos. Eles se observam uns aos outros, e já se lamentam.

Nós vamos deixá-los partir até o último? Os guardiões da liberdade de espírito e da fala, os democratas, os defensores da verdade, os carrascos da mentira e todos os que foram indicados à faca porque falam a língua desse país francês que pretende não conhecê-los mais, será que eles vão se apagar, separados da chance de sobreviver pelas muralhas francesas?

Esses assassinados que se empilham não caíram somente sob os golpes de uma ira integrista desesperada. Alguns morreram também porque o socorro mais simples não chegou: lhes foi negado um visto para a Vida. O Estado francês se recusa, em conhecimento de causa, sabendo do destino sangrento que está reservado a uma comunidade martirizada, a acolher os ameaçados. Não é a primeira vez na nossa história. E por isso é ainda pior. Há um cheiro de Vichy nesse reino.

As leis Pasqua pioraram e multiplicaram cinicamente os limites que o Estado francês impõe aos deveres de asilo e de hospitalidade. A interpretação perversa da Convenção de Genebra sobre os refugiados e as leis de dezembro de 1994 são intoleráveis. Sob o pretexto de regular os fluxos de migração, a França está afastando os refugiados e colaborando, hoje em dia, com o assassinato da cultura argelina e da nossa honra.

Somos cidadãos respeitosos de todas as leis que respeitam os direitos da mulher e do homem. Não queremos passar a vergonha de viver em silêncio sob um governo que faz do cinismo a sua lei e da indiferença o costume; e que, em nosso nome, fecha a porta precisamente aos que serão mortos.

É por isso que, apesar do artigo 21 da aplicação de 2 de novembro de 1945,* e enquanto o Estado francês não tiver tomado as disposições que a urgência das circunstâncias exige, nós nos engajamos:

---

* Segundo o artigo 21, qualquer pessoa, enquanto estiver na França, que facilite ou tente facilitar a entrada, a circulação ou a estada ilegais de um estrangeiro no país, será punida com prisão por cinco anos e terá de pagar uma multa de 200 mil francos.

– A fazer de tudo para ajudar os argelinos e argelinas ameaçados a entrar na França, qualquer que seja a lei.

– A fazer de tudo para ajudá-los a ficar na França, qualquer que seja a lei.

– Nós declaramos que os acolhemos no passado, no presente, e continuaremos a acolhê-los enquanto suas vidas estiverem em perigo.

CITAÇÕES DE CABECEIRA

"O Teatro é a representação do mundo inteiro. Fala-se de dever, de jogos, de dinheiro, de paz, do riso, de combate, de amor e de morte. Ele ensina o dever àqueles que o ignoram, o amor àqueles que a ele aspiram. Ele pune os maus, aumenta o domínio dos que são disciplinados, dá coragem aos covardes, energia aos heróis, inteligência aos fracos de espírito e sabedoria aos sábios."

BHARATANATYAM, *Tratado do Teatro Indiano*

"O teatro é, na realidade, a gênese da criação."

Antonin ARTAUD

"Escrever não é descrever, pintar não é representar. A verossimilhança não é senão ilusão de óptica. Quando eu começo, parece que meu quadro está do outro lado, porém coberto de uma poeira branca, a tela. Só preciso tirar a poeira. Tenho uma pequena escova para limpar o azul, uma outra para o verde ou o amarelo: meus pincéis. Quando tudo estiver limpo, o quadro está pronto."

Georges BRAQUE

"Não viajamos pelo prazer de viajar, e sim para verificar alguma coisa, um sonho."

Samuel BECKETT

"Um dia, um pássaro entrou no meu ateliê. Ele quis sair, mas não achou o caminho e bateu, desamparado, nas paredes e nos vidros da janela. Outro pássaro entrou no meu ateliê, descansou alguns instantes num pedestal e saiu voando, achando sem dificuldade a estrada que leva ao céu. Com os artistas, é a mesma coisa."

Constantin BRANCUSI

"O tempo sempre se vinga do que fazemos sem ele."

Provérbio

"'Se a sorte bate à tua porta, abre-a', dizem. Mas por que obrigá-la a bater mantendo a porta fechada?"

Idriss SHAH

"É pela pele que faremos entrar a metafísica nos espíritos."

Antonin ARTAUD

"As coisas não são difíceis de fazer, o difícil é nos dispormos a fazê-las."

Constantin BRANCUSI

"É essencialmente com nossas obras que nós devemos nos defender."

Georges ROUAULT

"Só posso conceber um artista em plena aventura."

Antoni TÀPIES

"Para manter os povos unidos, é preciso criar obras."

BHAGAVAD-GITA

"Não se pinta almas. Pinta-se corpos."

Paul CÉZANNE

"O artista que não utiliza seus dons é um escravo preguiçoso."

Wassily KANDINSKY

"Quando você se apressa, é o diabo que está te empurrando."

Idriss SHAH

"Aos 73 anos, comecei a compreender, sabe-se lá como, o crescimento das plantas e das árvores, a estrutura dos pássaros, dos animais, dos insetos e peixes. Nesse ritmo, quando chegar aos 86, terei feito grandes progressos na arte. Aos cem anos de idade, atingirei um estado divino e quando tiver 110, todo ponto e toda linha que pintar parecerão vivos."

HOKUSAI

"Governe o império como você cozinharia um pequeno peixe."

LAO-TSEU

"Devemos sorrir, para chamar a felicidade."

Canção japonesa

"A condição do maravilhoso é o concreto."

Jiri TRNKA

"Certa noite, um homem ouviu alguém andando em sua casa. Ele se levantou e, para ter um pouco de luz, acendeu o isqueiro. Mas o ladrão que era a causa do barulho veio até perto dele e, a cada vez que uma faísca tocava o pavio, ele a apagava discretamente com o dedo. E o homem, achando que seu pavio estava molhado, não viu o ladrão. Em seu coração, também há alguém que apaga o fogo mas que você não vê."

Idriss SHAH

"Sofro por o espírito não estar na vida e por a vida não ser o espírito."

Antonin ARTAUD

cronologia

1959, 27 DE OUTUBRO: criação da Associação Teatral dos Estudantes de Paris.

1961, 23 DE JUNHO: criação de *Gengis Khan*, de Henry Bauchau, nas Arènes de Lutèce.

1964, 29 DE MAIO: nascimento do Théâtre du Soleil.

1964-65: *Os pequeno-burgueses*, de Máximo Górki, adaptação de Arthur Adamov.
MJC de porte de Montreuil, depois Théâtre Mouffetard.

1965-66: *O capitão Fracasso*, de Théophile Gautier, adaptação de Philippe Léotard. Théâtre Récamier.

1967, 5 DE ABRIL: *A cozinha*, de Arnold Wesker, adaptação de Philippe Léotard. Cirque Montmartre.

1968, 15 DE FEVEREIRO: *Sonho de uma noite de verão*, de Shakespeare, adaptação de Philippe Léotard. Cirque Montmartre.
Criação de *A árvore feiticeira, Jérôme e a tartaruga* [L'arbre sorcier, Jérôme et la tortue], de Catherine Dasté, inpirado em

uma história inventada pelos alunos de uma escola de Sartrouville, direção de Catherine Dasté, figurinos de Marie-Hélène Dasté. Cirque Montmartre.

1969-70: 25 de abril de 1969: *Os palhaços* [Les Clowns], criação coletiva do Théâtre du Soleil. Em colaboração com o Théâtre de la Commune d'Aubervilliers. Théâtre de la Commune d'Aubervilliers.

1970, 26 DE JANEIRO: reprise no Élysée Montmartre.

1970, FINAL DE AGOSTO: chegada da companhia à Cartoucherie.

1970-71, 12 DE NOVEMBRO DE 1970: *1789*, criação coletiva do Théâtre du Soleil. Piccolo Teatro de Milão. Reprise na Cartoucherie.

1972-73, 12 DE MAIO DE 1972: *1793*, criação coletiva do Théâtre du Soleil. Cartoucherie.

1972, 15 DE NOVEMBRO: reprise de *1789* e *1793* na Cartoucherie até março de 1973.

1974: *1789*, filme do espetáculo do Théâtre du Soleil realizado por Ariane Mnouchkine. Imagens de Bernard Zitzermann.

1975, 4 DE MARÇO: *A era de ouro* [L'Âge d'Or], criação coletiva do Théâtre du Soleil. Cartoucherie.

1976-77: *Molière*, filme escrito e dirigido por Ariane Mnouchkine com o Théâtre du Soleil, fotografia de Bernard Zitzermann, música original de René Clémencic.

1977-78, 16 DE DEZEMBRO DE 1977: *Don Juan*, de Molière, dirigido por Philippe Caubère. Cartoucherie.

1979-80, 4 DE MAIO DE 1979: *Mefisto, romance de uma carreira* [Méphisto ou le roman d'une carrière], de Klaus Mann, adaptação e direção de Ariane Mnouchkine. Coprodução do Atelier Théâtral de Louvain-la-Neuve (Bélgica). Cartoucherie.
Versão em vídeo do espetáculo por Bernard Sobel.

1981-84: Peças de William Shakespeare. Traduções de Ariane Mnouchkine.

1981, 10 DE DEZEMBRO: *Ricardo II*, na Cartoucherie.

1982, 10 DE JULHO: *Noite de reis*, no Festival de Avignon. Peça encenada em alternância com a anterior na Cartoucherie.

1984, 18 DE JANEIRO: *Henrique IV*, 1ª parte na Cartoucherie. Representações alternadas com as duas peças anteriores.

1985-86, 11 DE SETEMBRO DE 1985: criação de *A história terrível porém inacabada de Norodom Sihanouk* [L'histoire terrible mais inachevée de Norodom Sihanouk], de Hélène Cixous. Cartoucherie.

1987-88, 30 DE SETEMBRO DE 1987: *A Indíada ou a Índia de seus sonhos* [L'Indiade ou L'Inde de leurs rêves], de Hélène Cixous. Cartoucherie.
Versão em vídeo do espetáculo por Bernard Sobel.

1989: *A noite milagrosa* [La nuit miraculeuse], filme. Roteiro de Ariane Mnouchkine e Hélène Cixous, diálogos de Hélène Cixous, imagens de Bernard Zitzermann. Encomendado pela Assemblée Nationale para o Bicentenário da Declaração dos Direitos Humanos.

1990-93: *Os Átridas*:

1990, 16 DE NOVEMBRO: *Ifigênia em Áulis*, de Eurípides, na Cartoucherie. Tradução de Jean Bollack.

1990, 24 DE NOVEMBRO: *Agamêmnom*, de Ésquilo, na Cartoucherie. Tradução de Ariane Mnouchkine.

1991, 23 DE FEVEREIRO: *Coéforas*, de Ésquilo, na Cartoucherie. Tradução de Ariane Mnouchkine.

1992, 26 DE MAIO: *Eumênides*, de Ésquilo, na Cartoucherie. Tradução de Hélène Cixous.

1993, 15 DE MAIO-6 DE JUNHO: *A Índia, de pai em filho, de mãe em filha* [L'Inde, de père en fils, de mère en fille], direção de Rajeev Sethi, a partir de uma ideia de Ariane Mnouchkine. Espetáculo interpretado por 32 artistas indianos (contadores, músicos, dançarinos, acrobatas, mágicos). Cartoucherie.

1994, 18 DE MAIO: *A cidade do perjúrio ou o despertar das Erínias* [La ville parjure ou le réveil des Erynies], de Hélène Cixous. Coprodução com o Wiener Festwochen e o Ruhr Festspiele de Recklinghausen. Cartoucherie.

1995-96, 10 DE JUNHO DE 1995: *Tartufo,* de Molière, em Viena (Áustria – Wiener Festwochen).

1996-97: *Sob o sol mesmo à noite* [Au soleil même la nuit], filme de Éric Darmon e Catherine Vilpoux em parceria com Ariane Mnouchkine. Coprodução com La Sept ARTE, Agar Film & Cie e o Théâtre du Soleil. Gravado na Cartoucherie dos seis meses de ensaios até as primeiras apresentações de *Tartufo,* de Molière.

1997-98, 26 DE DEZEMBRO DE 1997: *E de repente, noites em claro* [Et soudain des nuits d'éveil], criação coletiva do Théâtre du Soleil, em parceria com Hélène Cixous. Cartoucherie.

1998, 24 DE JULHO: *Tudo bem quando termina bem,* de William Shakespeare, direção de Irina Brook. Cloître des Carmes, em Avignon.

1999-2002: Baseado em *A cidade do perjúrio ou o despertar das Erínias,* de Hélène Cixous, um filme de Catherine Vilpoux, fotografia de Éric Darmon.

1999, 11 DE DEZEMBRO: *Tambores no dique,* em forma de peça antiga por marionetes representadas pelos atores, de Hélène Cixous. Cartoucherie.
Tambores no dique, filme do espetáculo realizado por Ariane Mnouchkine.
Coprodução do Théâtre du Soleil, Bel Air Media, ARTE France, ZDF Theaterkanal, CNDP 2002. Gravado na Cartoucherie em 2001.

2003, 3 DE ABRIL: criação de *Le Fleuve cruel* [O rio cruel] (primeira parte).

2003, 22 DE NOVEMBRO: criação de *Origines et destins* [Origens e destinos] (segunda parte).
Cartoucherie. Coprodução com a Ruhrtriennale.

2003-04: *O último caravançarai (Odisseias).* Criação coletiva do Théâtre du Soleil.

2006, 27 DE DEZEMBRO: *Os efêmeros,* criação coletiva do Théâtre du Soleil.

2010, 3 DE FEVEREIRO: *Os náufragos da Louca Esperança,* criação coletiva do Théâtre du Soleil.

notas

1. JEAN DASTÉ (1904-94). Aluno de Jacques Copeau no Théâtre du Vieux-Colombier, em Paris, Jean Dasté criou, em 1931, sua primeira companhia de teatro, a Compagnie des Quinze [Companhia dos quinze]. Em 1932, iniciou a carreira cinematográfica, e atuou em grandes marcos do cinema, como *Boudu salvo das águas* (1932) e *A grande ilusão* (1937), de Jean Renoir, *O atalante* (1934), de Jean Vigo, e *O homem que amava as mulheres* (1977), de François Truffaut. Dasté fundou, em 1942, o Théâtre de la Saison Nouvelle [Teatro da nova estação]. Em 1945, mudou-se para Grenoble e criou a Compagnie des Comédiens de Grenoble, que marca a descentralização do teatro francês. Por falta de patrocínios e de incentivos, a companhia se dissolveu em 1947. Jean Dasté fundou então, no mesmo ano, o Centre Dramatique de La Cité des Mineurs [Centro dramático da cidade dos mineradores], uma cooperativa operária na cidade de Saint-Étienne. Ele obtém um grande sucesso, com montagens inovadoras que apresentam desde as peças mais clássicas a espetáculos contemporâneos inspirados no teatro oriental. Dasté dirigiu essa cooperativa até 1970, ano em que resolve se aposentar da carreira de diretor e voltar a trabalhar como ator de cinema.

2. GIORGIO STREHLER (1921-97). Ator e diretor italiano, Strehler foi cofundador com Paolo Grassi do Piccolo Teatro de Milão, que ele dirigiu de 1947 a 1996. Uma empreitada exemplar: curioso pelos grandes dramaturgos (de Goldoni a Brecht, de Shakespeare a Strindberg, de Tchekhov a Pirandello), Strehler defendeu um teatro realista, épico, com funções cívicas e sociais, na magia triunfante do palco. Ele sempre procurou conciliar o teatro e o mundo, mesmo sabendo que o palco não poderia contê-lo por inteiro. Tirânico com seus atores mas muito servil com o texto, erudito e esteta, é a figura típica do diretor rei do final do século XX.

3. JACQUES COPEAU (1879-1949). Em 1908, o ator Jacques Copeau criou com André Gide a revista *La Nouvelle Revue française* [Nova revista francesa] e teve seu primeiro sucesso teatral em 1911, com a adaptação de *Os irmãos Karamazov*, de Dostoiévski, que contava com atuações de Louis Jouvet e Charles Dullin... Preocupado em salvar a arte dramática do mercantilismo e da vulgaridade, Copeau pregava a volta ao texto no "tablado nu". Em 1913, fundou o Théâtre du Vieux-Colombier.

Durante a guerra, dirigiu o Théâtre Français de Nova York. De volta a Paris, reativou o Vieux-Colombier e o associou a uma escola de atores focados na improvisação, na máscara, na busca de formas tradicionais para desenvolver a linguagem gestual. Em 1924, ele se retirou para a Borgonha para conhecer um público novo e criou a primeira companhia descentralizada – Les Copiaus –, que durou até 1929, em que impunha a seus atores rigor e disciplina, trabalho coletivo e comunhão com o diretor. Copeau foi um dos primeiros a impor ao teatro exigências ao mesmo tempo estéticas e morais. A descentralização, assim como o Théâtre National Populaire, reivindicam geralmente a sua influência.

4. JACQUES LECOQ (1921-99). Ex-professor de ginástica, iniciado na improvisação e no teatro de máscaras por Jean Dasté, Jacques Lecoq se apaixonou rapidamente pelo nô e a *commedia dell'arte*. Suas pesquisas o conduziram a Pádua e a Milão, onde ele conheceu Giorgio Strehler e Paolo Grassi. Com eles, participou da criação da

escola do Piccolo Teatro de Milão; experimentou depois ser diretor, montou sua companhia, trabalhou com Dario Fo em pantomimas politicamente muito engajadas. Em 1956, retornou a Paris para fundar sua escola internacional de mímica e teatro, onde ele explora novos caminhos de um teatro mais corporal e desenvolve sua própria técnica de máscaras.

5. KABUKI. Pela brutalidade de suas intrigas, pelo esplendor de seus figurinos, maquiagens e cenários com máquinas, o kabuki faz desde sua aparição – no século XVII – um sucesso enorme e escandaloso. Vindo das danças femininas mais licenciosas, ele é obrigado a ser exclusivamente interpretado por homens, se exila nos bairros de prazeres, e começa a contar dramas violentos inspirados no teatro de nô. Rivalidades entre padres e guerreiros, paixões desenfreadas, traições, crimes, mas também cenas burlescas: o bem e o mal lutam constantemente e o sobrenatural nunca está longe. Mas no kabuki o gestual e a estética (influenciada pelo teatro de marionetes) importam mais do que o texto. Cada expressão do rosto e do corpo, cada maquiagem, cada figurino são estritamente repertoriados. E é pela forma, pelo artifício absoluto, que um ator de kabuki expressa todos os sentimentos possíveis e atinge a própria essência do ser.

6. KATHAKALI. Nascido no século XVII, de tradições populares, rituais ancestrais indianos e da mais antiga arte marcial do mundo (o Kalaripayat), o kathakali é um teatro dançado, que mistura sentimentos refinados e paroxismos das situações. As artes da maquiagem, da ginástica dos olhos e dos músculos faciais são levadas à perfeição. Os batimentos de pés – enfeitados com pequenos sinos – dão ritmo a uma interpretação mais baseada na observação das forças animais do que na psicologia. Além disso, o peso das tiaras e a suntuosidade dos figurinos exigem um grande domínio de postura corporal, pois o espetáculo pode durar uma noite inteira. Os atores não falam, mas se expressam por sinais ou gritos e onomatopeias codificadas. A língua dos gestos obedece, assim, a uma verdadeira gramática que, no entanto, permite ao ator uma liberdade

de escolha na interpretação. O kathakali pode ser aprendido desde os seis anos; o treino pode durar dez anos.

7. THÉÂTRE DES NATIONS (1954-68). Em 1954, foi criado em Paris, por A.M. Julien e Claude Planson, um festival internacional de arte dramática onde se confrontavam os teatros do mundo. O sucesso foi tamanho que ele se tornou, em 1957, uma instituição permanente patrocinada pelo Estado: o Teatro das Nações. O objetivo era ambicioso: durante uma temporada anual de quatro a seis meses, fazer o inventário da cultura universal através de companhias estrangeiras prestigiosas, da descoberta dos teatros tradicionais e da procura de novas formas de arte dramática. Cinquenta e uma nações participaram e 160 companhias foram convidadas, entre as quais o Berliner Ensemble, o Teatro Nacional de Nô, a Ópera de Pequim, o Teatro de Arte de Moscou etc.; Visconti e Bergman, entre outros, apresentaram montagens. Vítima de seu triunfo (um jornal, estágios, um círculo internacional de críticos, uma associação internacional de técnicos do teatro foram criados durante os quinze anos de festival) de repente criticada, a manifestação é proibida pelo Estado em 1971.

8. ANTONIN ARTAUD (1896-1948). Após ir a Paris para se tornar ator, Antonin Artaud sente repulsa pelas tradições ocidentais de interpretação: para ele, sob a égide da razão, da psicologia, do divertimento ou da arte pela arte, o corpo e o pensamento se separam de modo muito radical.

Ele adere, em 1924, ao grupo surrealista e se separa dele em 1926. Funda, em 1927, com Alfred Vitrac e Robert Aron o Théâtre Alfred-Jarry, buscando mais uma vez uma resposta no teatro: para ele, a representação devia se tornar um ato único e perigoso, do qual os atores e espectadores não poderiam sair imunes, e em que é o diretor que comanda. Em 1931, na Exposição Colonial, Artaud se apaixonou pelo teatro balinês, que lhe pareceu encarnar maravilhosamente uma linguagem corporal capaz de transcender a própria matéria. O diretor escreveu então *O teatro e seu duplo*, onde expôs a noção de "teatro da crueldade". Próximo do ritual, ele levou a experiência cênica ao extremo: ato único e derradeiro, teatro da revolta humana, teatro de sangue onde toda a existência está em jogo. Essa prática mágica e encantadora exclui a noção de obra de arte terminada, palpável e reproduzível... Depois de ir ao México para se iniciar nos rituais dos índios Tarahumaras, Artaud foi internado em vários hospitais psiquiátricos de 1937 a 1946.

9. **NÔ**. Na metade do século XIV, Kanami e Zeami, grandes intérpretes de espetáculos de mímica, canto e dança, conseguem o apoio do xogum de Kyoto para impor um novo gênero. O objetivo? Atingir a dominação suprema da arte do ator para revelar sua beleza obscura e escondida. O nô nasce como propriedade da casta guerreira dos samurais. Cinco famílias transmitiram até hoje essa arte sem alterá-la – mesmas máscaras, mesmos figurinos, nenhum cenário. O nô acontece num palco vazio de madeira polida, com dimensões marcadas, chamado "cruzamento dos sonhos"; onde os vivos cruzam os fantasmas e os demônios... Geralmente, são apresentadas cinco peças de nô por dia. Um espetáculo muito codificado, de uma estilização extrema: se espera do ator de nô um mínimo de gestos para um máximo de efeitos.

10. **VSEVOLOD MEYERHOLD (1874-1940)**. Começa como ator na companhia de Stanislavski no Teatro de Arte de Moscou. Passa a montar seus próprios espetáculos em 1902, e foi considerado desde o começo um experimentador extraordinário.

Vsevolod Meyerhold explora todas as convenções cênicas para fazer do palco um trampolim para a imaginação. Segundo ele, a arte do ator está menos na encarnação do que na representação. Da *commedia dell'arte* ao *music-hall*, do circo às tradições chinesas, do teatro itinerante ao burlesco, ele explora todas as formas; o objetivo é "recriar a plenitude da vida" de tal maneira que "o cotidiano deixa de parecer natural". Em 1918, integra o Partido Comunista e se torna colega de armas de Maiakovski. Meyerhold deseja transformar o palco num laboratório da vida socialista futura e o ator num tipo de especialista da ação estética, com base em pesquisas sobre a biomecânica e a cinética. Mas com a subida de Stalin ao poder, é acusado de formalismo e obrigado a voltar ao realismo. Preso em 1939, é fuzilado em 1940.

11. CHARLES DULLIN (1885-1949). Ator, participou em 1913 da criação do Théâtre du Vieux-Colombier, por Jacques Copeau. Criou sua escola de atores em 1921 e seu teatro, l'Atelier, em 1922. Em 1927, funda o Cartel des Quatre, junto com Louis Jouvet, Gaston Baty e Georges Pitoëff, uma associação de atores contra a esclerose do teatro clássico e a invasão do teatro comercial. Deixa o Atelier em 1940 para dirigir o Théâtre de la Cité, ex-Théâtre Sarah-Bernhardt, e é expulso dele em 1947. Excelente pedagogo, Charles Dullin exalta a *commedia dell'arte*, o teatro japonês e o elisabetano; quer voltar às tradições para explorar melhor, em seguida, formas adaptadas para a época. Dullin incita o aluno a sentir antes de expressar. Para ele, o essencial de uma montagem é o respeito do texto. É um dos primeiros a aderir à descentralização do teatro.

12. LOUIS JOUVET (1887-1951). Ator e diretor, Louis Jouvet foi uma das grandes figuras do teatro e do cinema da época entre as duas guerras mundiais. Discípulo de Jacques Copeau, Jouvet entrou no Vieux-Colombier como técnico geral, depois deixou Copeau para tomar a direção da Comédie des Champs-Élysées em 1924. Viveu anos difíceis, até seu encontro com Giraudoux. Em 1934, se instalou no Athénée, que ele dirigiu até sua morte e onde montou as principais obras do dramaturgo. O fim de sua vida é marcado pelo teatro de Molière, cujo *Don Juan* ele eximiu numa concepção de herói decadente que fez história. Dividindo seu tempo entre o palco e o Conservatório Nacional, onde dava aulas, Jouvet sempre se questionou sobre a "incompreensível possessão e despossessão de si" que a profissão de ator exige, pois não se satisfaz nem de espontaneidade nem de artifício. Só o tempo e o trabalho árduo podem levar o intérprete até o personagem que ele encarna. Os livros escritos por Jouvet são testemunhos raros de um ator sobre sua arte.

13. CONSTANTIN STANISLAVSKI (1863-1938). Ator e diretor, fundou, em 1898, com Nemirovitch Dantchenko, o Teatro de Arte de Moscou,

onde montou Tchekhov, Górki, Gogol, Maeterlinck, e criou com Meyerhold um estúdio experimental. Em resposta à interpretação convencional, à pieguice e à negligência que, segundo ele, reinavam no teatro russo, começou, em 1907, a elaborar um método, buscando ajudar o ator a encontrar interioridade e vida espiritual através de um treinamento contínuo. Entre outros, exercícios psicossensoriais para despertar reminiscências da própria vida que servirão em seguida para o papel; ou, ainda, "ações físicas"... Mas esses exercícios servem somente para encontrar o estado criador necessário para a interpretação. Stanislavski nega que suas pesquisas se encaixem numa técnica aplicada de forma mecânica. Ele mesmo, em sua busca permanente do "verdadeiro", do natural no teatro, nunca parou de se questionar.

14. **BERTOLT BRECHT (1898-1956).** Autor, diretor, teórico, impôs desde sua primeira peça "épica"– *Homem por homem*, em 1927 – uma concepção radicalmente nova do teatro, baseada em sua função social e política. Em 1928, *A ópera dos três vinténs* lhe garantiu a consagração. Em 1933, fugiu da Alemanha de Hitler para a Dinamarca, a Finlândia e, em 1941, os Estados Unidos, onde se tornou roteirista e colaborou com Fritz Lang. Desse período datam diversas peças "escritas para a gaveta". Suas convicções marxistas lhe trouxeram alguns problemas com os macartistas. Em 1948, ele partiu para a Suíça, depois para Berlim Leste, onde, com Helene Weigel, sua mulher, fundou o teatro Berliner Ensemble. Seu sistema dramático exclui elementos espetaculares tradicionais para favorecer o valor didático. Brecht impõe ao espectador um "distanciamento", impede-o de se identificar com os personagens, a fim de despertar nele uma consciência que deve conduzi-lo à ação política. A interpretação do ator não é mais cúmplice e sim demonstrativa.

15. **JEAN VILAR (1912-71).** Ator e diretor formado por Charles Dullin, diretor do Théâtre National Populaire de Chaillot de 1951 a 1963 e do Festival de Avignon – do qual foi o fundador e diretor – de 1947 a 1971. Adepto de montagens despojadas, simplificadas, hieráticas, de espetáculos que elevam o espírito e a consciência do público,

Jean Vilar dava grande importância ao teatro, ao seu papel moral e político, à sua missão de serviço público, sem jamais esquecer, no entanto, de seu aspecto de cerimônia e de festa popular. Ele foi um dos primeiros a instaurar em Chaillot toda uma política cultural para os espectadores.

16. *ORESTEIA*. Única trilogia – da qual temos registro – do poeta grego Ésquilo (525 a.C.-456 a.C.), fundador da tragédia grega, autor de quase cem obras, quase todas perdidas com o tempo. Apresentada dois anos antes de sua morte, em 458, a *Oresteia* foi seu maior triunfo. Na primeira peça, intitulada *Agamêmnon*, a rainha Clitemnestra assassina – com a ajuda de seu amante, Egisto – seu marido, Agamêmnon, de volta da Guerra de Troia após longos anos de ausência; em *Coéforas*, ajudado por sua irmã, Electra, Orestes, filho de Agamêmnon, vinga seu pai massacrando Clitemnestra e Egisto; em *Eumênides*, Orestes é julgado e absolvido pela deusa Atena. Cabe ao tribunal dos homens, ao Estado, e não mais aos deuses, garantir a paz na cidade. Ésquilo revela o nascimento do direito e da justiça dos homens.

17. *IFIGÊNIA EM ÁULIS* (484 A.C.--406 A.C.). Tragédia de Eurípides. O general grego Agamêmnon, após esperar longos meses com sua frota para guerrear em Troia, decide obedecer a um oráculo e sacrificar sua filha Ifigênia para atrair ventos favoráveis. Ambicioso submisso às vontades dos que o elegeram chefe do exército, ele se recusa de forma cruel a escutar as súplicas de Ifigênia, assim como as de sua mãe, Clitemnestra, que planejará durante longos anos a sua vingança (ver *Oréstia*). Em *Ifigênia em Áulis*, assim como nas 18 tragédias conhecidas de Eurípides, a psicologia individual dos personagens é ressaltada, e as antigas leis divinas, as tradições arcaicas começam a ser pouco a pouco contestadas.

18. JEAN-MARIE SERREAU (1915-73). Antes de fundar o Théâtre de la Tempête, em 1970, Jean-Marie Serreau dirigiu, de 1950 a 1954, o famoso Théâtre de Babylone, onde estrearam importantes autores contemporâneos, como Samuel Beckett e Luigi Pirandello. Também dirigiu o Théâtre de Lutèce, de 1951 a 1961, e montou a primeira

peça de Fernando Arrabal, *O triciclo*. Serreau foi um dos primeiros a montar Brecht na França, a defender Adamov, Beckett, Ionesco, Vinaver, e a brigar também pelo reconhecimento de outras culturas, outras línguas, encenando peças polêmicas do argelino Kateb Yacine ou do poeta Aimé Césaire.

19. JEAN-LOUIS BARRAULT (1910-94). Jean-Louis Barrault iniciou sua carreira como mímico, e em 1931 foi selecionado para o Théâtre de l'Atelier, onde foi aluno de Charles Dullin e de Jacques Copeau. Em 1936, começou a trabalhar na Comédie-Française como ator e diretor, e realizou montagens marcantes de Paul Claudel e de Shakespeare. Partidário de um teatro "total" aberto a todos os modos de expressão, se iniciou no cinema e ficou conhecido com o filme *Boulevard do crime*, de Marcel Carné, em 1944. Em seguida, dirigiu o Théâtre de Marigny por onze anos e em 1959, sendo depois diretor do Théâtre de l'Odéon, até 1968. Se instalou na estação de Orsay, onde em 1972 ainda não havia o atual museu, e montou adaptações de Voltaire e Nietzsche. Em 1981, criou o Théâtre du Rond-Point, que dirigiu até 1992.

20. PAOLO GRASSI (1919-81). Diretor de teatro italiano, ele criou, em 1941, uma companhia de teatro de vanguarda da qual fez parte Giorgio Strehler. Junto com Strehler, criou, em 1947, o Piccolo Teatro de Milão, que codirigiu até 1972. Ele se tornou, em seguida, superintendente do Scala de Milão, de 1972 a 1976, depois presidente da RAI, de 1976 a 1979. Sempre defendeu um teatro de serviço público, ético, engajado, exigente.

Título Original
L'art du présent

Editora
Isabel Diegues

Editora Assistente
Barbara Duvivier

Produção Editorial
Vanessa Gouveia

Tradução
Gregorio Duvivier

Revisão de Tradução
Julia Sobral Campos

Revisão
Eduardo Carneiro

Projeto Gráfico, Diagramação e capa
Ilustrarte Design e Produção Editorial

Imagem da Capa
Sara Ramo. *Trama para palco*, 2007

CIP-Brasil. Catalogação-na-fonte. Sindicato Nacional dos Editores de Livros, RJ

M681a Mnouchkine, Ariane, 1939-
A arte do presente / Ariane Mnouchkine ; entrevistas com Fabienne Pascaud ; [tradução Gregório Duvivier]. - Rio de Janeiro : Cobogó, 2011.

Tradução de: L'art du présent
ISBN 978-85-60965-19-9

1. Mnouchkine, Ariane, 1939- - Entrevistas. 2. Diretoras e produtoras de teatro - França - Entrevistas. I. Pascaud, Fabienne. II. Título.

11-5841. CDD: 792.0233
CDU: 792.071.2

Rua Jardim Botânico, 635 / 406 – Jardim Botânico
Rio de Janeiro – RJ – 22.470-050
Tel.: (21) 2282-5287
www.cobogo.com.br

Foi respeitado, nesta edição, o novo Acordo Ortográfico da Língua Portuguesa.

2011

1ª impressão

Este livro foi composto em Aldus LT Std.
Impresso pela Gráfica RR Donnelley sobre papel offset 75g/m²
para a Editora Cobogó.